AF628275

PUNCH NEEDLE

DER KREATIVTREND: PROJEKTE MIT DER STANZNADEL

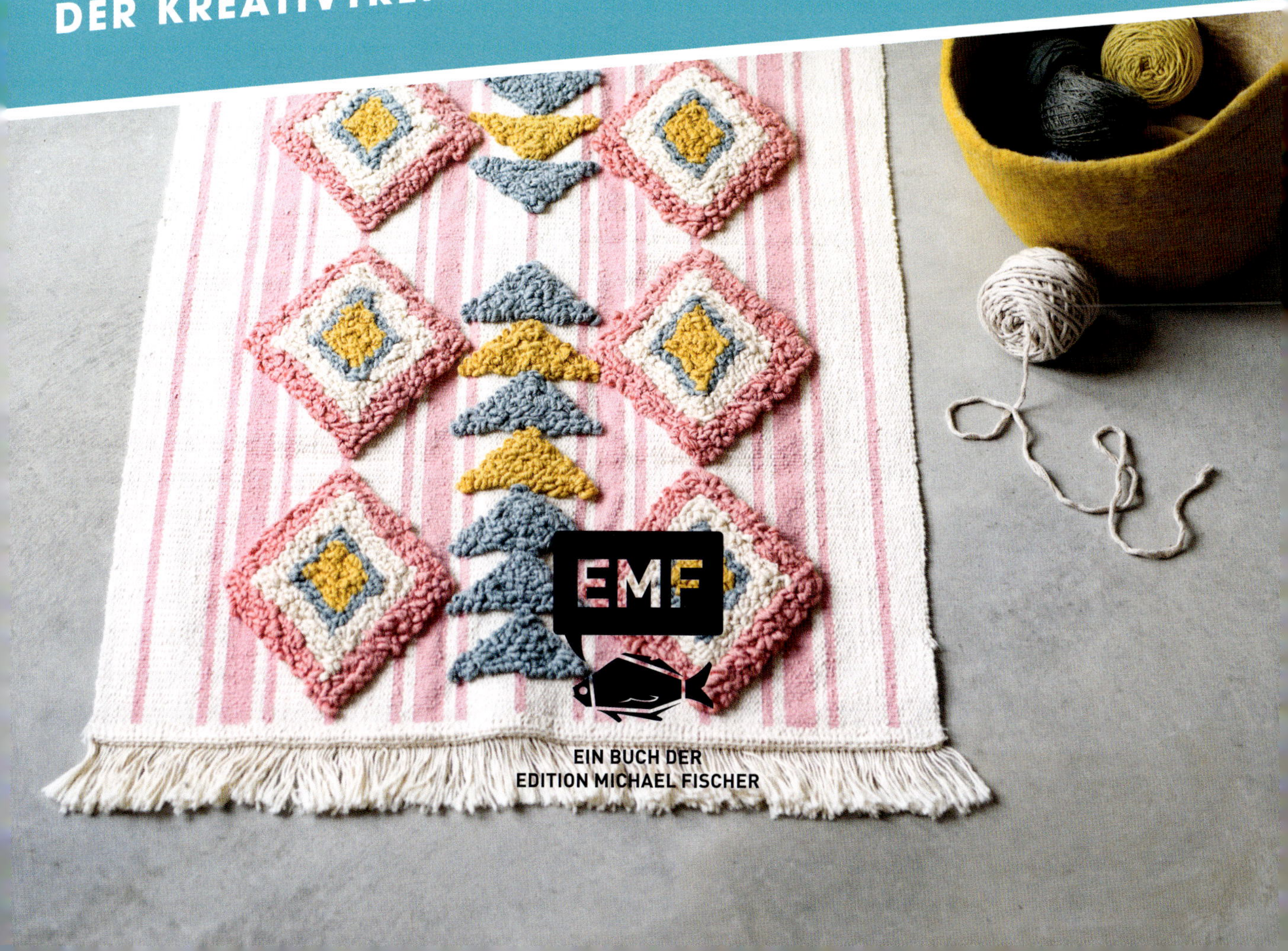

EMF

EIN BUCH DER
EDITION MICHAEL FISCHER

IMPRESSUM

Bibliografische Information der Deutschen Bibliothek.

Die Deutsche Bibliothek verzeichnet diese Publikation in der Deutschen Nationalbibliografie.
Detaillierte bibliografische Daten sind im Internet über http://www.dnb.de/ abrufbar.

Alle in diesem Buch veröffentlichten Abbildungen sind urheberrechtlich geschützt und dürfen nur mit ausdrücklicher schriftlicher Genehmigung des Verlags gewerblich genutzt werden. Eine Vervielfältigung oder Verbreitung der Inhalte des Buchs ist untersagt und wird zivil- und strafrechtlich verfolgt. Das gilt insbesondere für Vervielfältigungen, Übersetzungen, Mikroverfilmungen und die Einspeicherung und Verarbeitung in elektronischen Systemen.

Die Projekte aus diesem Buch sind nur für den persönlichen Gebrauch bestimmt oder als Spende an gemeinnützige Organisationen und Einrichtungen sowie als Ausstellungsstücke mit dem Vermerk auf den Urheber: Design: © 2019 Edition Michael Fischer aus dem Buch „Punch Needle". Für die kommerzielle Verwendung der Vorlagen und fertiggestellten Projekte muss die Erlaubnis des Verlags vorliegen.

Die im Buch veröffentlichten Aussagen und Ratschläge wurden von Verfasserin und Verlag sorgfältig erarbeitet und geprüft. Eine Garantie für das Gelingen kann jedoch nicht übernommen werden, ebenso ist die Haftung der Verfasserin bzw. des Verlags und seiner Beauftragten für Personen-, Sach- und Vermögensschäden ausgeschlossen.

Bei der Verwendung im Unterricht ist auf dieses Buch hinzuweisen.

EIN BUCH DER EDITION MICHAEL FISCHER

1. Auflage 2019

Alle Rechte der deutschsprachigen Ausgabe bei
© 2019 Edition Michael Fischer GmbH, Donnersbergstr. 7, 86859 Igling

Produktmanagement: Anja Sommerfeld
Covergestaltung, Layout und Satz: Anna Köperl

Erstveröffentlicht bei © LIBELLA, Paris 2019

Titel der Originalausgabe:
PUNCH NEEDLE

This translation of »PUNCH NEEDLE« first published in France by LIBELLA under the imprint LTA in 2019 is published by arrangement with Silke Bruenink Agency, Munich, Germany.

Aus dem Französischen übertragen von Madeleine Kaiser, Verlagsservice Henninger

ISBN 978-3- 96093-461-5

Gedruckt bei Polygraf Print, Čapajevova 44, 08001 Prešov, Slowakei

www.emf-verlag.de

Alle Kreationen dieses Buchs stammen von Anisbee. Eine Reproduktion für Ausstellungs- oder Verkaufszwecke ist ohne die Erlaubnis des Verlags nicht gestattet.

DANKSAGUNG

Ein großes Dankeschön an das gesamte Team von Le Temps Apprivoisé, insbesondere an Anne-Sophie, die mich in dieses neue redaktionelle Abenteuer mitgenommen hat, und an Isabelle, die mich so gut begleitet hat.

Danke an meine Familie und meine Freunde, die mich ermutigt haben und immer bereit sind, meine neuen Einfälle rund um die Wolle zu testen: Suzanne, Léonore, Mathilde, Bérangère, Louise, Mélanie und Adeline bis jetzt, und ich denke noch an einige andere, die ich gerne mit meiner Freude am Punch-Needle-Sticken anstecken würde.

Vielen Dank an Sonia und Fabrice für den herzlichen Empfang und die tollen Fotos.

IM BUCH VERWENDETES MATERIAL

- Garne: DMC (www.dmc.com). Herzlichen Dank für diese wundervolle Zusammenarbeit sowie in der deutschen Ausgabe Woll Butt (www.buttinette.de)
- Punch Needles: Fifi Jolipois (www.fifijolipois.com) und Maille name is (www.maillenameis.com)
- Knüpfstoffe: Perles & Co (www.perlesandco.com) und Butinette (www.butinette.fr)
- Stoffe: Toto tissus (www.toto.fr), Lil Weasel (www.lilweasel.com) und Petit Pan (www.petitpan.com)
- Schmuckzubehör: Fifi Jolipois (www.fifijolipois.com)
- Spannrahmen und Stickringe: Rougié&Plé (www.rougier-ple.fr) und Cultura (www.cultura.com)

SCHWIERIGKEITSGRADE

◆ ◇ ◇ Sehr einfach

◆ ◆ ◇ Einfach

◆ ◆ ◆ Etwas schwieriger

VORWORT

In diesem Buch zeige ich Ihnen anhand von zahlreichen Projekten, wie Sie mit der Punch Needle die schönsten Objektgestaltungen kreieren können: Wandbilder, Kissen, Täschchen oder schmückende Accessoires, Organizer und andere fantasievolle Wohndeko oder hübsche selbst gemachte Geschenke.

Nützliche und dekorative Kreationen, um Ihrer neuen Leidenschaft zu frönen, denn sicherlich werden auch Sie der Punch-Needle-Sucht erliegen! Ich konnte nicht widerstehen.
Dabei muss ich aber zugeben, dass ich schnell schwach werde, wenn es um Nadel und Faden geht!
Ich habe ein ernstes Problem: Sobald ich keine Punch Needle in meiner rechten Hand halte, habe ich das Gefühl, dass mir etwas fehlt.

Aber warum macht mir die Punch-Needle-Stickerei solchen Spaß? Warum denke ich, wenn ich mit einem Projekt beginne, schon wieder an die nächsten zwei oder drei? Wahrscheinlich ist es diese gleichförmige Bewegung, die mit diesem beruhigenden Geräusch einhergeht, wenn die Nadel durch den Stoff dringt. Eine einfache, fast mechanische Tätigkeit, bei der man seinen Gedanken freien Lauf lassen kann. Wenn Sie einmal damit angefangen haben, können Sie nicht mehr aufhören.

Ich hoffe, Sie haben genauso viel Freude beim Nacharbeiten der Kreationen, wie ich sie beim Schreiben des Buchs und beim Entwerfen der Motive hatte.

An die Punch Needle – fertig – los!

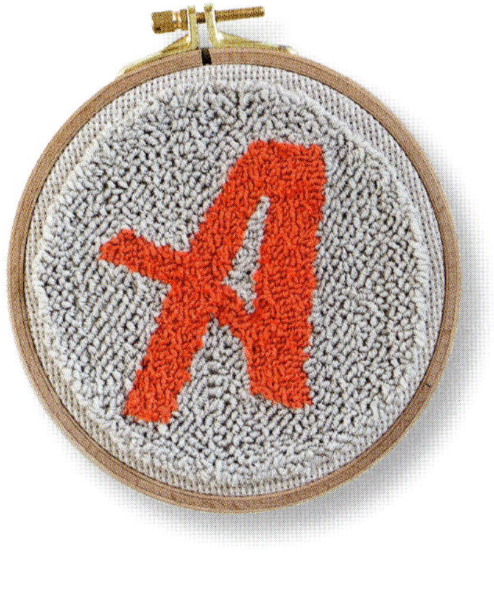

Arisbee

INHALT

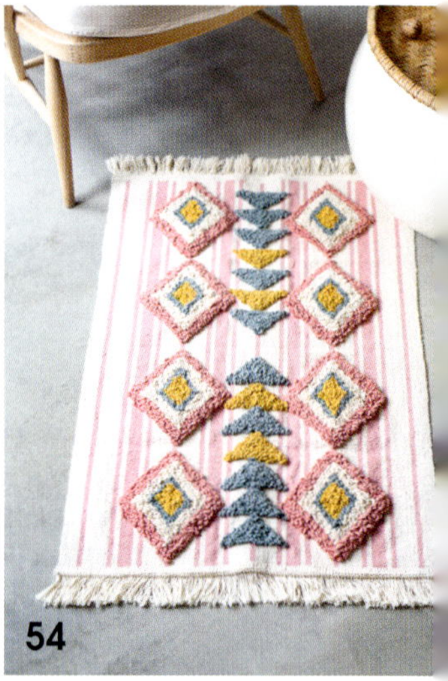

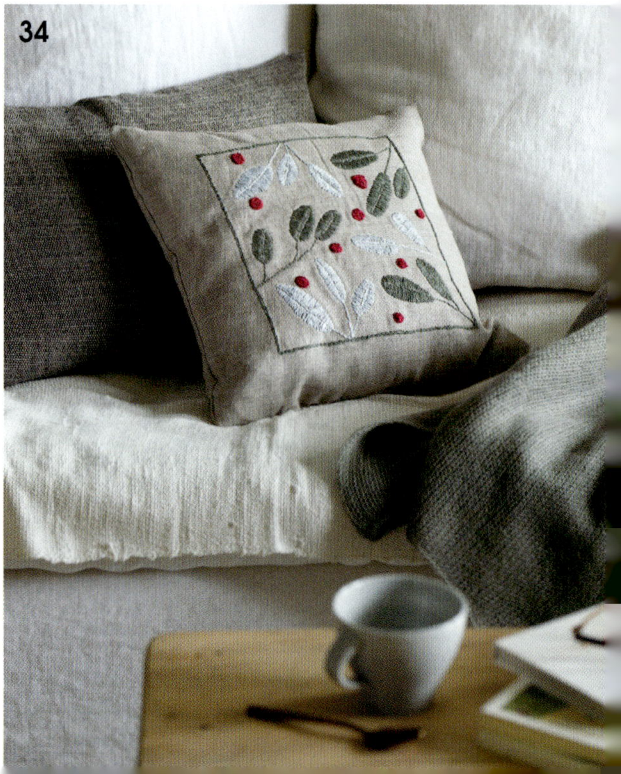

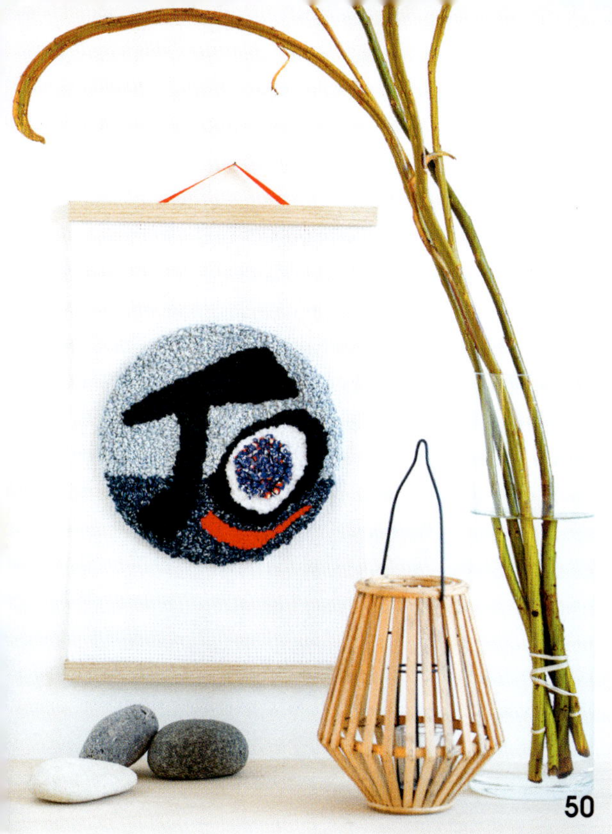

50

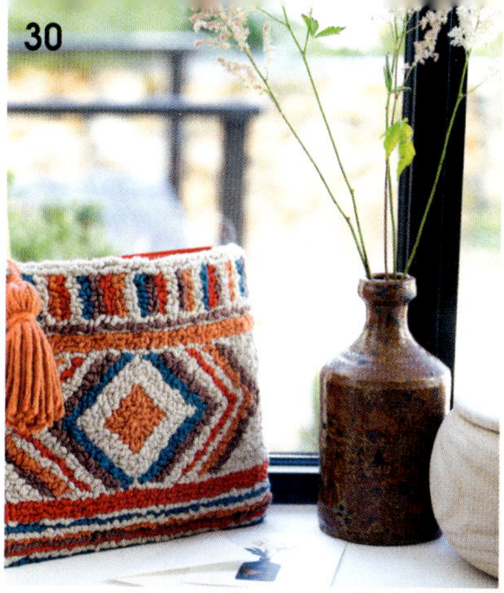

30

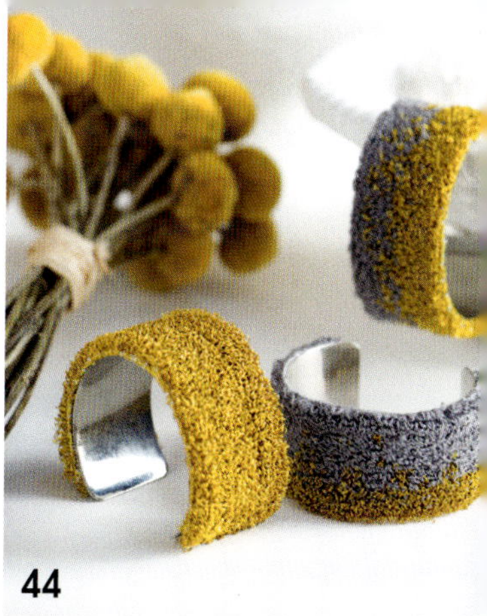

44

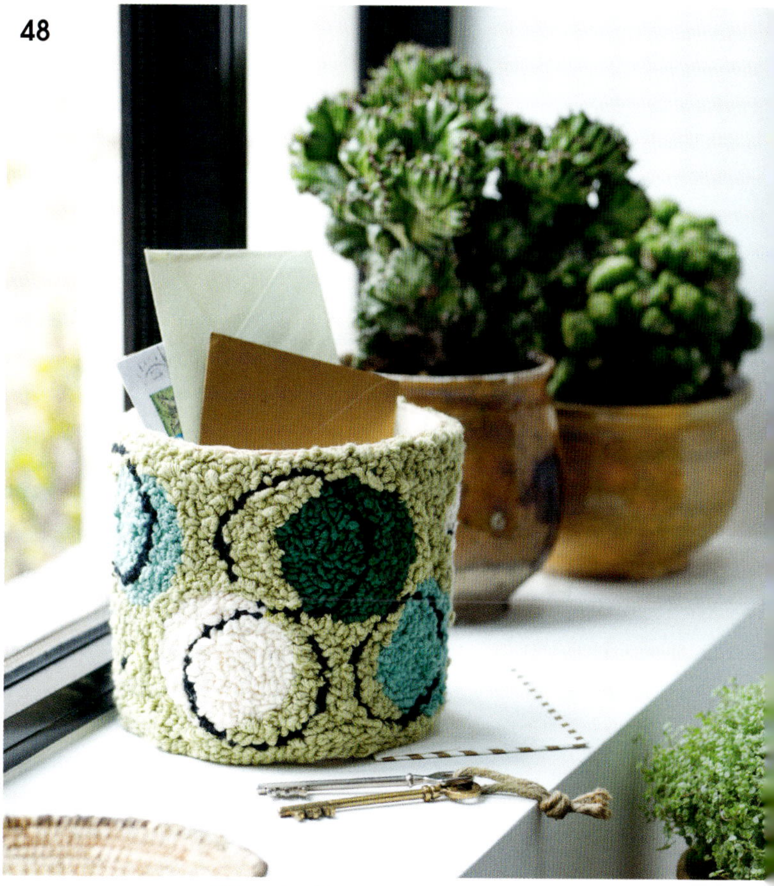

48

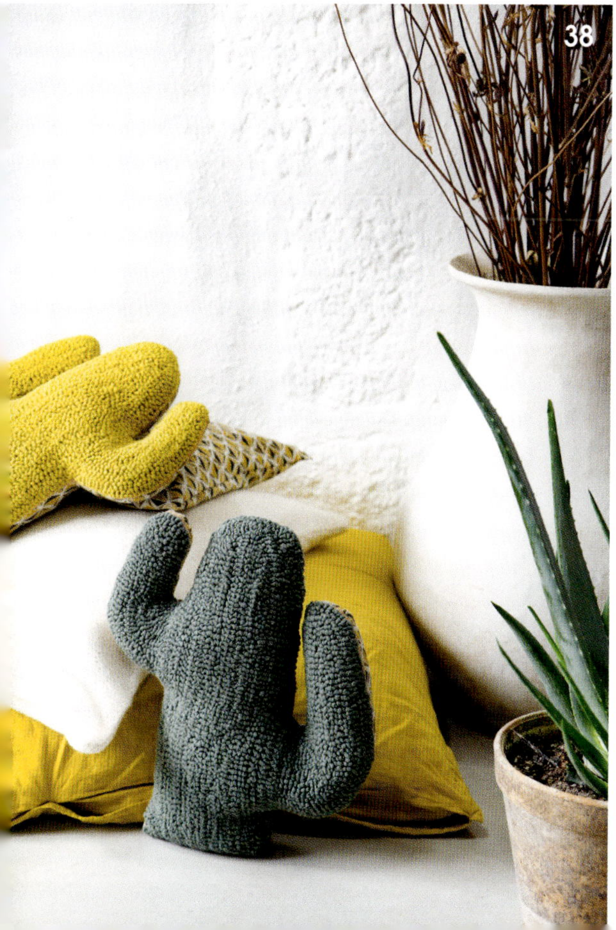

38

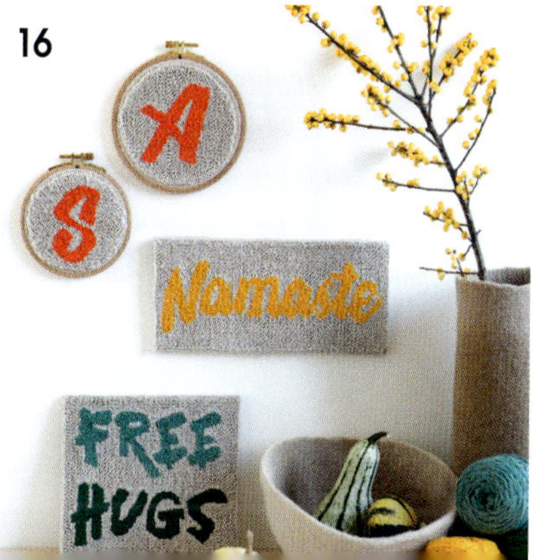

16

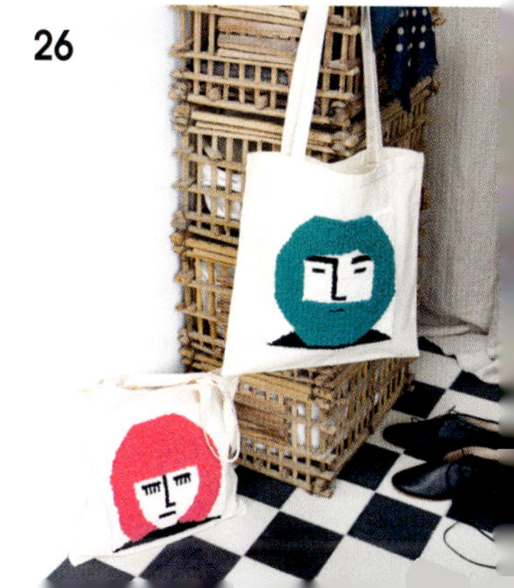

26

MATERIALIEN UND TIPPS

PUNCH NEEDLE UND EINFÄDELHILFE

Je nach Projekt verwende ich in diesem Buch zwei unterschiedliche Nadeln:

- **Die Punch Needle für dickes Garn (8 bis 10 mm):** Sie eignet sich, um mit sehr dickem Baumwollgarn und dicker Wolle auf locker gewebtem Stoff zu punchen, weil sich die Nadelspitze leicht einstechen lässt, ohne den Stoff zu beschädigen. Die Nadellänge ist variierbar und wird entsprechend der gewählten Kerbe eingestellt: A für große Schlaufen (53 mm), B (43 mm) und C (34 mm) für mittelgroße Schlaufen und D (24 mm) für kleine Schlaufen.
- **Die Punch Needle für dünnes Garn:** Sie hat drei auswechselbare Nadelstärken und erlaubt somit die Verwendung von drei verschiedenen Garnstärken. Das Gewebe richtet sich nach der gewählten Nadelstärke und es können Stoffe mit feinstem Garn bestickt werden. Sie ist in der Länge verstellbar und hat 12 Kerben für unterschiedliche Schlaufengrößen, die mithilfe eines Rädchens eingestellt werden.
- **Eine Einfädelhilfe ist unverzichtbar.** Sie ist beim Kauf einer Punch Needle normalerweise enthalten.

TIPP

Falls Ihnen die Einfädelhilfe abhandengekommen ist, können Sie diese auch selbst herstellen. Dazu einen sehr dünnen Messingdraht (Ø 0,2 mm) mittig falten und die Enden mit einem Stück Klebeband zusammenhalten.

GARNE

- **Dicke Garne:** Diese können aus Baumwolle, Wolle oder Acryl sein. Wählen Sie Garne, die für die Nadelstärken 6,0–10,0 mm empfohlen werden.
- **Ein mitteldickes Garn** (empfohlene Nadelstärke 4,0 mm oder 5,0 mm) kann doppelt genommen auch mit einer Nadel für dickes Garn verwendet werden. Dazu nimmt man die beiden Fadenenden des Knäuels und puncht gleichzeitig mit beiden Fäden, als wäre es einer. Auch ein in dünne Streifen geschnittener Stoff kann mit der gleichen Nadel gepuncht werden.
- **Dünne Garne:** Stickgarne lassen sich bestens mit einer Punch Needle für dünne Garne verarbeiten. Wählen Sie bei 3-fädigem Garn die Nadel mit dem kleinsten Öhr. Bei 6-fädigem Garn sollte das Nadelöhr mittelgroß sein. Die größte der drei Nadeln eignet sich für dünne Baumwolle oder Wolle für Nadestärke 3,0 mm.

HINWEIS

Qualität und Stärke der verwendeten Garne sind für jede in diesem Buch beschriebene Kreation angegeben.

STOFFE

Die Wahl des Stoffs ist ausschlaggebend für das Gelingen der Arbeit. Der Stoff muss ausreichend locker sein, damit sich die Nadel ohne Widerstand durchstechen lässt, muss aber sofort wieder seine Form annehmen, um die Schlingen festzuhalten.

- **Jute** und **Aida-Stoffe** mit 2,4 und 3,3 Loch/cm sind für dicke Garne die beste Wahl.
- **Aida-Stoffe** mit 5,5 und 7,1 Loch/cm eignen sich für dünne Garne.
- Mit feinsten Garnen können Sie auch auf **bedruckter Baumwolle** oder **Naturleinen** punchen.

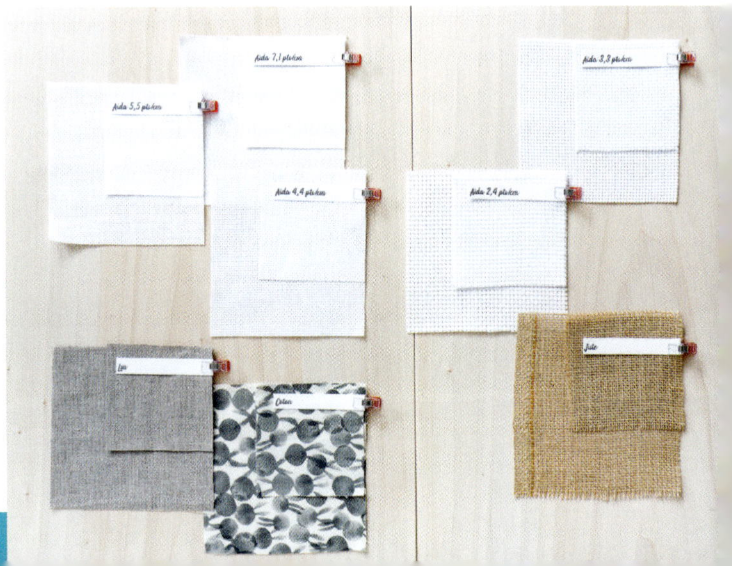

ARBEITSRAHMEN

- **Der Stickrahmen:** Er hält den Stoff straff. Aufgrund des häufigen Durchstechens mit der Punch Needle muss der Stoff auf dem Rahmen immer wieder nachgespannt werden. Dieser Arbeitsrahmen eignet sich für kleinere Arbeiten.
- **Der Keilrahmen:** Sie finden zwar im Handel spezielle Arbeits- oder Stickrahmen, aber ein Keilrahmen ist wesentlich günstiger. Sie können einen unbespannten Keilrahmen kaufen oder die Leinwand entfernen. Tackern Sie den Stoff sehr straff gespannt am Rahmen fest.
- **Der Spannrahmen:** Einen Spannrahmen können Sie auch selbst herstellen. Schneiden Sie mithilfe einer Gehrungssäge vier 50 cm lange Leisten mit je einer Gehrung von 45°. Legen Sie diese zu einem Quadrat und verbinden Sie die Teile mit einem kleinen Winkel, den Sie in jede Innenecke schrauben. Tackern Sie wie beim Keilrahmen den gespannten Stoff am Rahmen fest.

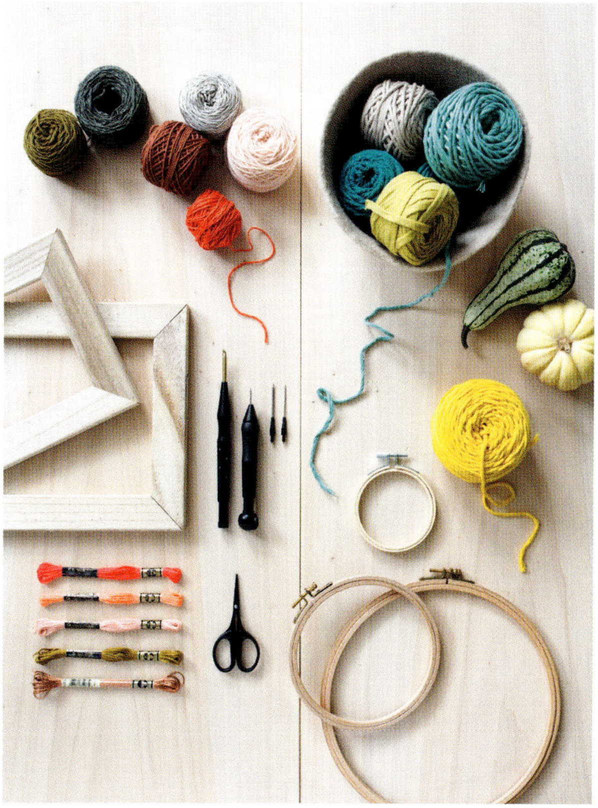

SONSTIGES WERKZEUG

Für die Kreationen in diesem Buch benötigen Sie außerdem:

- 1 Schere
- 1 Kreidestift (Bügelmusterstift) und umpositionierbares Klebeband zum Übertragen der Motive
- Bügelvlies oder Textilkleber und 1 Pinsel, zum Fixieren der Stickerei
- 1 Handtacker
- 1 Heißklebepistole
- Eine Nähmaschine oder einfach Nadel und Faden

ARBEITEN MIT DER PUNCH NEEDLE

ARBEITSRAHMEN

Den Stoff in einen Stickrahmen spannen oder mit einem Tacker auf einem Rahmen befestigen. Dabei auf maximale Spannung achten. Wenn Sie einen Stickrahmen verwenden, müssen Sie den Stoff ab und zu nachspannen, damit er immer optimal straff bleibt.

MOTIVE ÜBERTRAGEN

Zeichnen Sie das Motiv direkt auf oder übertragen Sie es von der Vorlage auf den Stoff: Auf die Rückseite, wenn Sie Schlaufen punchen möchten, oder auf die Vorderseite, wenn Sie mit Platt- oder Geradstichen punchen. Dazu legen Sie die Vorlage hinter den Stoff, befestigen sie mit Klebeband, platzieren das Ganze vor einer Lichtquelle (Fenster) und übertragen das Motiv mit dem Kreidestift auf den Stoff. Sie können auch Transparent- oder Durchschreibepapier verwenden. Wenn Sie sich für Schlaufen entscheiden, denken Sie daran, dass diese auf der Rückseite entstehen. Das Motiv muss also spiegelverkehrt gezeichnet werden. Dies ist besonders bei einem Projekt mit Buchstaben wichtig.

EINFÄDELN DER NADEL

1. Führen Sie die Einfädelhilfe von der Nadelspitze aus durch den Nadelschaft komplett bis ans andere Ende der Punch Needle. Stecken Sie das Garn in die Spitze der Einfädelhilfe und ziehen Sie es so, dass es durch die Punch Needle läuft und an der Spitze wieder herauskommt.

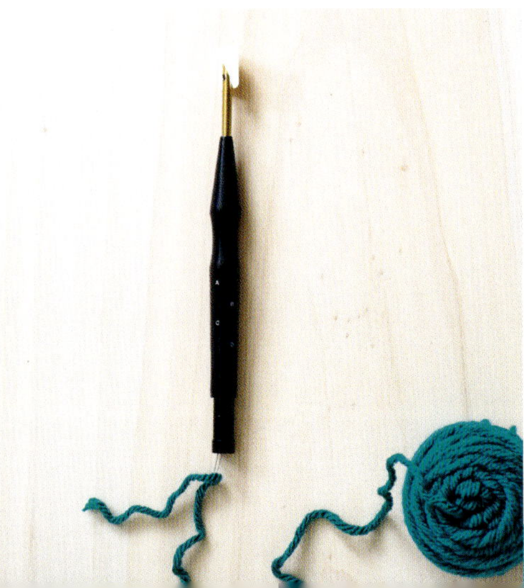

2. Stecken Sie die Einfädelhilfe in das Öhr der Punch Needle. Dann legen Sie das Garn in die Einfädelhilfe und ziehen es durch das Öhr der Punch Needle.

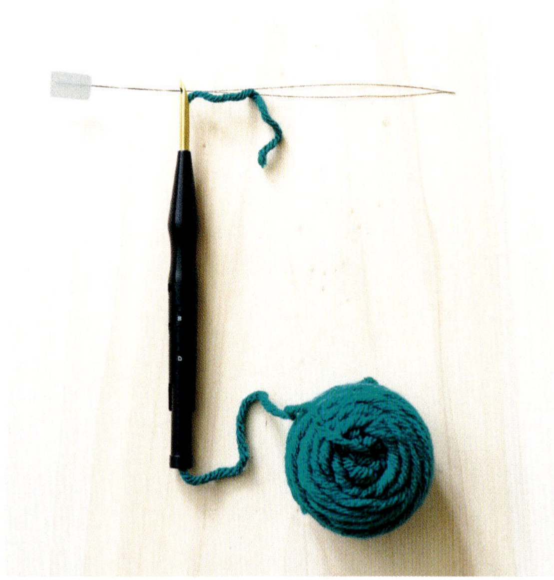

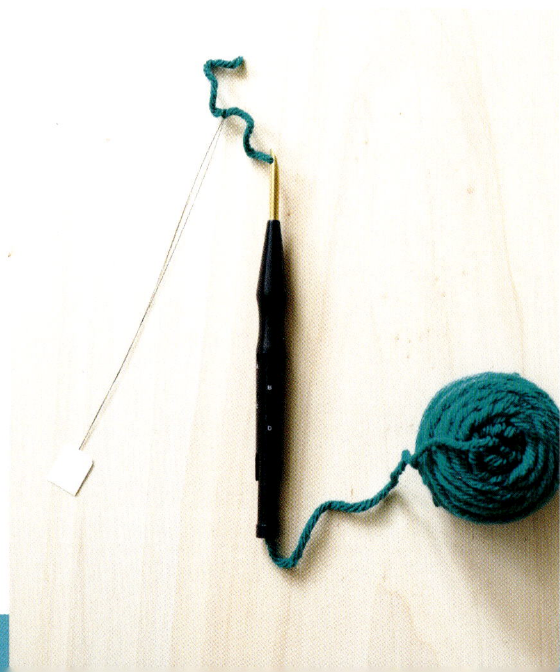

PUNCHEN

1. Halten Sie die Punch Needle senkrecht über dem Stoff. Stechen Sie die Nadel bis zum Anschlag durch den Stoff.

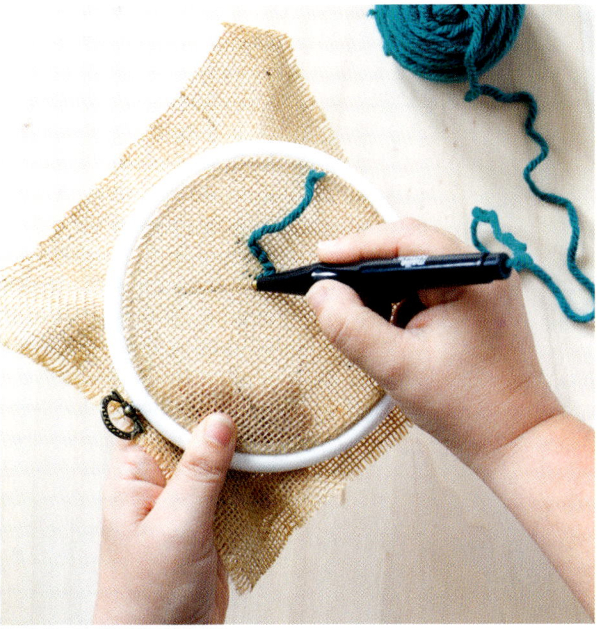

2. Ziehen Sie die Nadel langsam zurück, aber nur so weit heraus, dass die Spitze den Stoff noch berührt, und „rutschen" Sie dann die Nadel über den Stoff zum nächsten Einstichpunkt.

3. Achten Sie auf die Arbeitsrichtung der Nadel: Die abgeschrägte Seite der Nadel zeigt immer zur nächsten Einstichstelle hin.

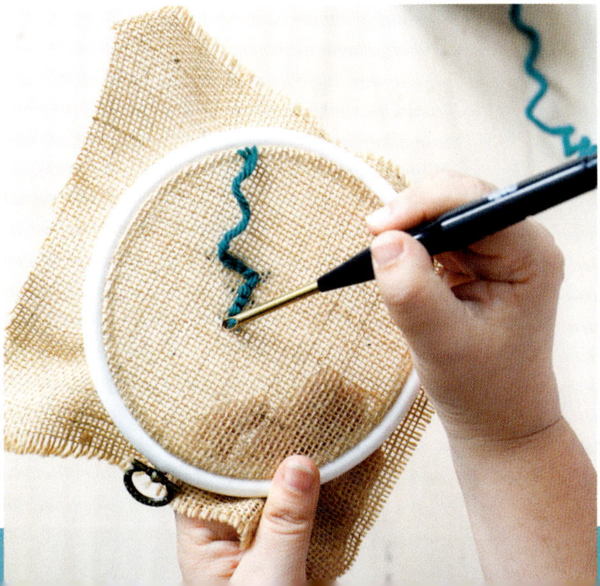

4. Sie benötigen weder am Anfang noch am Ende einen Knoten. Lassen Sie einfach vor dem ersten Einstechen 3 oder 4 cm Garn als Überstand an der Nadel. Wenn Sie auf der Stoffrückseite sticken, ist nichts weiter zu tun, arbeiten Sie auf der Vorderseite, ziehen Sie den Faden vorsichtig auf die Rückseite.

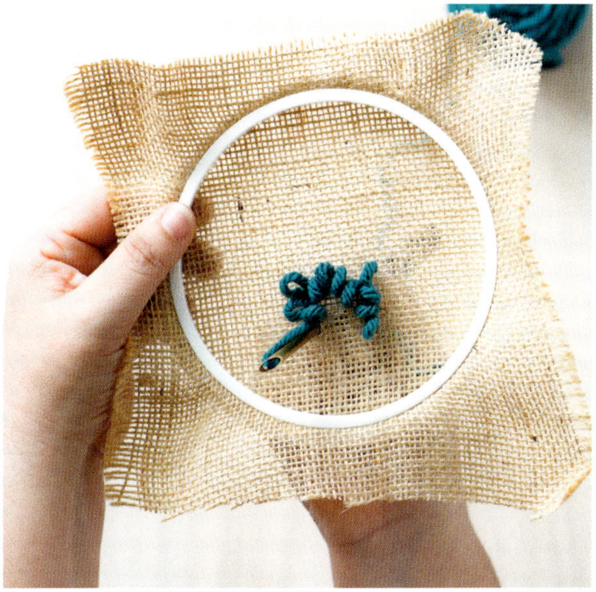

5. Am Ende der Stickarbeit oder bei einem Farbwechsel fixieren Sie den Arbeitsfaden mit dem Finger auf der Rückseite, ziehen leicht an der Punch Needle und schneiden den Faden bis auf 3 oder 4 cm ab.

ARBEITSSTÜCK FIXIEREN

Eine „Punch-Needle-Stickerei" ist nicht sehr empfindlich. Die dicht aneinandergesetzten Stiche und festen Schlaufen haben guten Halt und müssen, zum Beispiel im Falle eines Wandbilds, nicht fixiert werden. Bei Gebrauchsgegenständen, bei denen die Schlaufen vielleicht aufgehen könnten, sollte man die Rückseite mit Bügelvlies versehen oder diese verkleben.

HINWEIS

Im Gegensatz zu anderen Arten der Stickerei, müssen Sie weder Nadel noch Faden vorbereiten, wenn Sie mit Garnknäueln arbeiten. Lassen Sie das Garn einfach vom Knäuel durch die Punch Needle laufen.

VERSCHIEDENE STICHARTEN

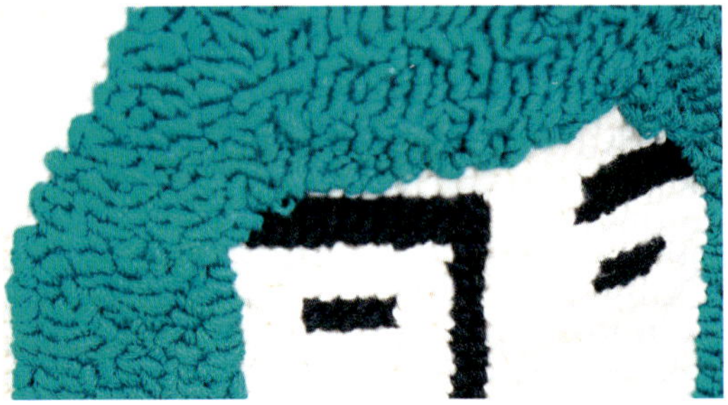

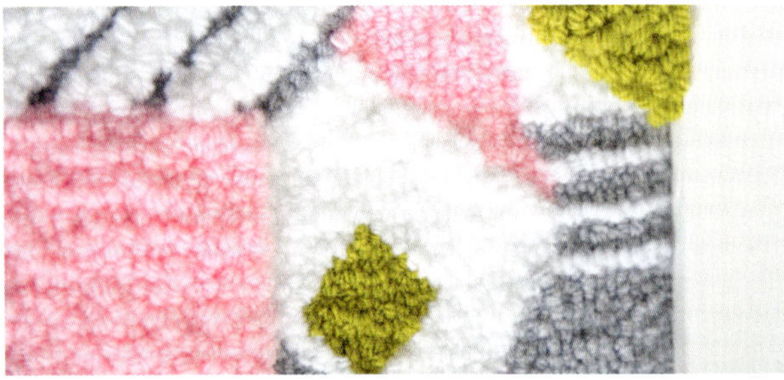

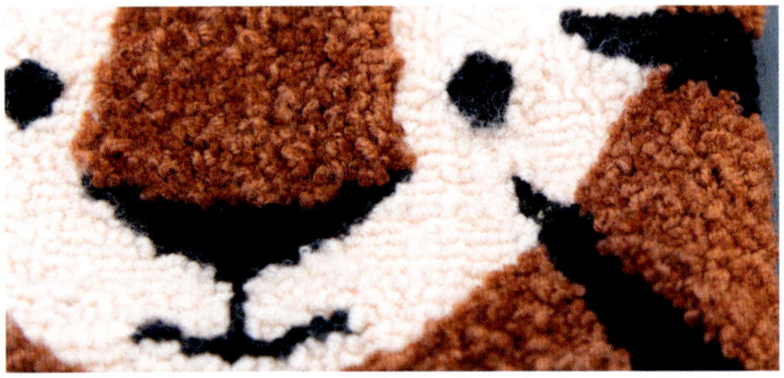

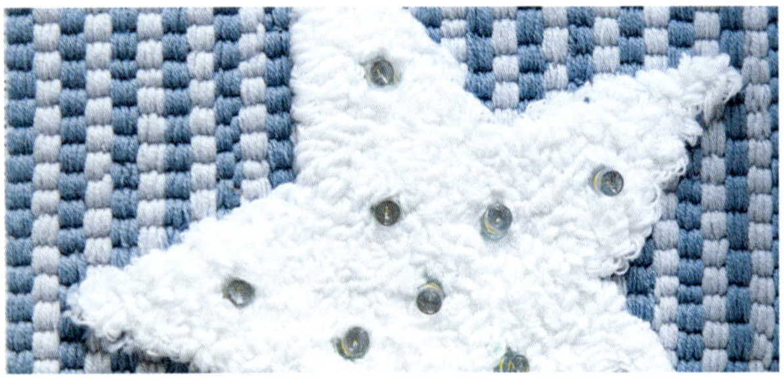

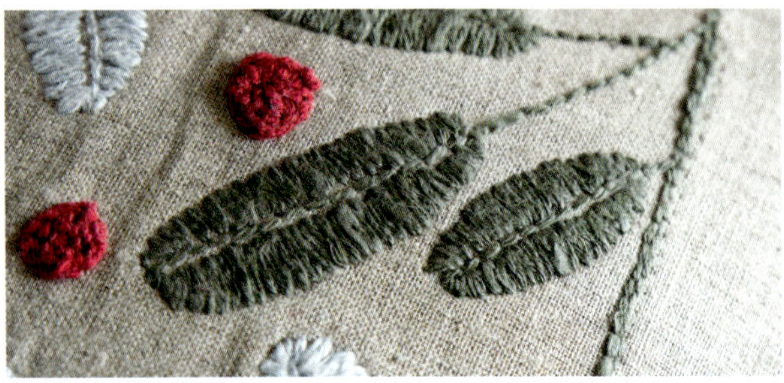

Schlaufen

Punchen Sie auf der Rückseite des Arbeitsstücks, damit sich auf der Vorderseite Schlaufen bilden. Bei diesem Stich kann es vorkommen, dass die Schlaufen, vor allem die großen, an den Rändern eines Motivs überhängen. Um dies zu vermeiden, arbeiten Sie am Rand mit dichteren Stichen oder umranden das Motiv mit Plattstichen.

TIPP

Spielen Sie mit der Schlaufenlänge! Verändern Sie beim Punchen eines Motivs ruhig ab und an die Längeneinstellung der Punch Needle, um einen reliefartigen Effekt zu erzielen.

Felleffekt

Punchen Sie große Schlaufen. Drehen Sie das Arbeitsstück auf die Vorderseite und schneiden Sie die Enden dieser Schlaufen mit einer Schere auf, um einen Felleffekt zu erzielen. Eine sehr ausgepägte Felloptik gelingt mit sehr großen Schlaufen und sehr dicker Wolle.

Plattstich

Punchen Sie auf der Vorderseite Ihrer Arbeit und stechen Sie bei feinen Garnen im Abstand von 0,5 cm und bei dicken Garnen im Abstand von 1 cm mit der Nadel ein. Sie können die Stiche genau untereinander ausrichten oder versetzt arbeiten, um verschiedene Strukturen zu erzielen.

Geradstich

Punchen Sie auf der Vorderseite Ihrer Arbeit. Die Nadel einstechen, herausziehen und anschließend einige Zentimeter weiter vorne wieder einstechen. Der so ausgeführte Plattstich umrandet das zu stickende Motiv. Um ein Motiv auszufüllen, sticken Sie wiederholt Geradstiche, die dicht beieinanderliegen. Für diesen Stich müssen Sie eine hohe Nadellänge einstellen. Außerdem ist es wichtig, die Stickerei auf der Rückseite unbedingt zu fixieren.

TIPPS UND TRICKS ZUM PERFEKTEN PUNCHEN

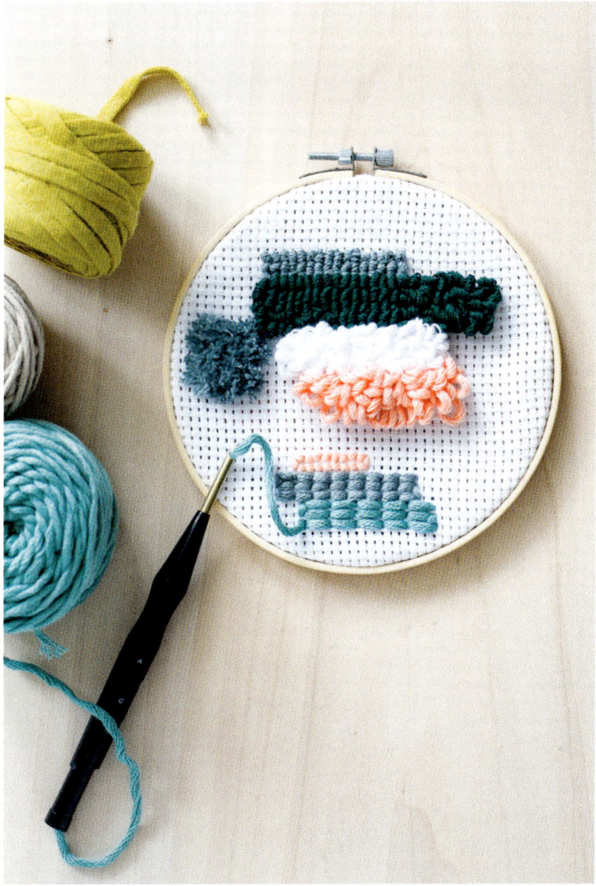

- Punchen Sie am besten zuerst die Kontur des Motivs und arbeiten Sie dann in einer Spirale von außen nach innen, um sie zu füllen.
- Ist ein Stich nicht gelungen, hat sich eine Schlaufe verzogen oder hätte die Farbe gewechselt werden müssen, können Sie den letzten Stich ganz einfach rückgängig machen. Dazu einfach am Faden ziehen. Hat sich der Stoff durch das Einstechen mit der Nadel etwas verzogen, rubbeln Sie mit dem Fingernagel über die Stelle, damit sich das Gewebe wieder schließt.
- Für ein harmonisches Erscheinungsbild vergessen Sie bitte nicht, die Nadel bei jedem Stich bis zum Anschlag in den Stoff zu drücken. Nur dann sind alle Schlaufen gleich lang.
- Sie müssen nicht unbedingt in jedes Loch oder jede Reihe des Stoffs punchen. Sie können Ihre Stiche je nach gewünschtem Erscheinungsbild weiter oder enger setzen.
- Bevor Sie mit einer Stickarbeit beginnen, punchen Sie ein Probestück mit dem für die Arbeit in Frage kommenden Garn und Stoff. So sehen Sie, ob Sie die richtige Wahl treffen. Testen Sie ruhig auch verschiedene Nadellängen.
- Um beim Sticken eines Motivs die Richtung zu ändern, lassen Sie die Nadel im Stoff stecken und drehen einfach das Arbeitsstück. Das geht mit einem Stickrahmen am besten. Beim Punchen auf einem großen Rahmen sollten Sie stattdessen die Richtung der Nadel ändern. Dazu die Nadel so drehen, dass die abgeschrägte Seite immer zum nächsten Stich zeigt.

PROBLEME UND LÖSUNGEN

Geben Sie nicht gleich auf, wenn die Schlaufen nicht im Stoff halten. Fragen Sie sich erst:

- **Ist der Faden richtig eingefädelt?** Haben Sie womöglich vergessen, ihn durch das Nadelöhr zu stecken?
- **Läuft der Faden locker?** Es ist äußerst wichtig, dass der Faden immer ganz locker ist. Wickeln Sie also genug Garn vom Knäuel und achten Sie darauf, dass der Lauf des Fadens nicht durch einen Gegenstand auf dem Tisch, die Handfläche oder die Finger behindert wird. Manchmal ist die Ursache auch ein Knoten im Garn, der in die Punch Needle gelangt ist.
- **Ist der Stoff straff gespannt?** Im Gegensatz zum Faden muss der Stoff immer gut gespannt sein, weil das Gewebe sonst den Faden nicht halten kann.
- **Passen Nadel und Wollstärke zusammen?** Die Nadel darf den Stoff beim Einstechen nicht beschädigen. Der Faden muss dünner sein als die Nadel, damit er durch sie hindurchlaufen kann, aber so dick, dass er beim Punchen im Stoff hält. Manchmal bedarf es einiger Versuche, bevor man das optimale Trio findet.
- **Ist das Garn geeignet?** Effektgarne mit Pailletten, Garne unterschiedlicher Dicke und Bastgarn wie Raffia sind nicht geeignet, da sie in der Punch Needle stecken bleiben.

WANDBILD „HOME SWEET HOME“

SPIELEN SIE MIT DEN KONTRASTEN DES GARNS UND BAUEN SIE IHR TRAUMHAUS MITHILFE VON VERSCHIEDEN LANGEN SCHLAUFEN UND PLATTSTICHEN.

MATERIAL UND WERKZEUG

- *1 Punch Needle für dickes Garn*
- *Woll Butt Cap Cool N° 1 (100% Polyacryl, Lauflänge ca. 118 m/100 g) oder ein vergleichbares Garn in 5 verschiedenen Farben (1 Knäuel pro Farbe)*
- *1 Keilrahmen, unbespannt, 33 x 41 cm*
- *Aida-Stoff 3,3 Loch/cm, 30 x 40 cm*
- *Weiße Acrylfarbe*
- *1 Pinsel*
- *1 selbstklebender Bildaufhänger*

Verwendete Stiche

- *Schlaufen unterschiedlicher Größe*
- *Plattstich*

Vorbereitung

1. Zuerst tragen Sie zwei Schichten weiße Farbe auf den Rahmen auf. Dann tackern Sie den Aida-Stoff auf die Rückseite des Rahmens.
2. Nun die Vorlage von Seite 15 auf 150% vergrößert kopieren und mit Klebeband auf dem Stoff befestigen. Zuletzt übertragen Sie das Motiv auf den Stoff (siehe Seite 8). Dies wird die Rückseite der Arbeit.

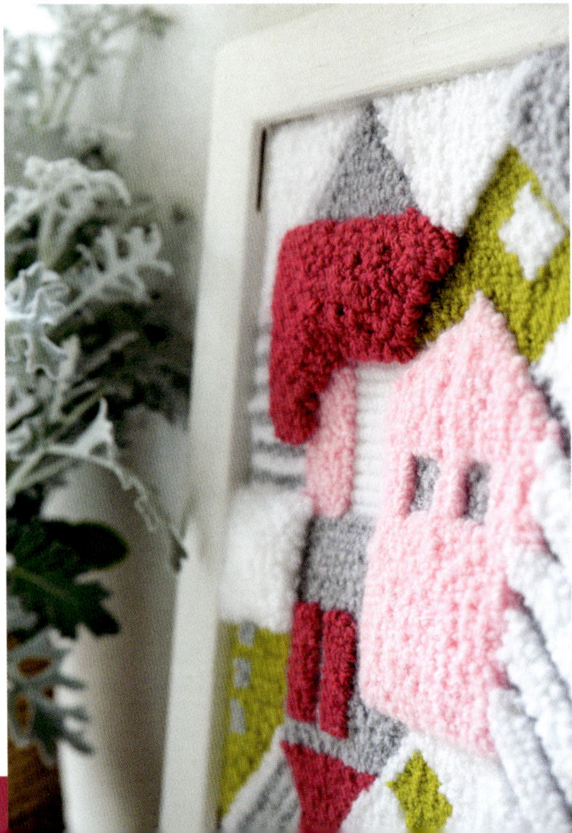

Punchen

1. Punchen Sie auf der Rückseite und variieren Sie die Schlaufengrößen, damit das Bild schön plastisch wirkt.
2. Stellen Sie die Nadellänge auf Kerbe A, um große Schlaufen in den Flächen A der Vorlage zu punchen. Füllen Sie anschließend die Flächen B mit mittelgroßen Schlaufen und stellen Sie dazu die Nadellänge auf Kerbe B.
3. Fahren Sie auf die gleiche Weise fort, indem Sie die Nadellänge für die Schlaufengröße der C-Flächen sowie für die kleinsten Schlaufen der D-Flächen auf die jeweilige Kerbe stellen.
4. Zum Schluss füllen Sie auf der Vorderseite die Flächen PP mit Plattstichen. Dabei die Nadel nur in jedes zweite Loch stechen.

Letzte Handgriffe

Kleben Sie einen Bildaufhänger auf die Rahmenrückseite.

TIPP

Warum zeichnen Sie nicht Ihr eigenes Haus oder punchen Ihre Lieblingsstadt?

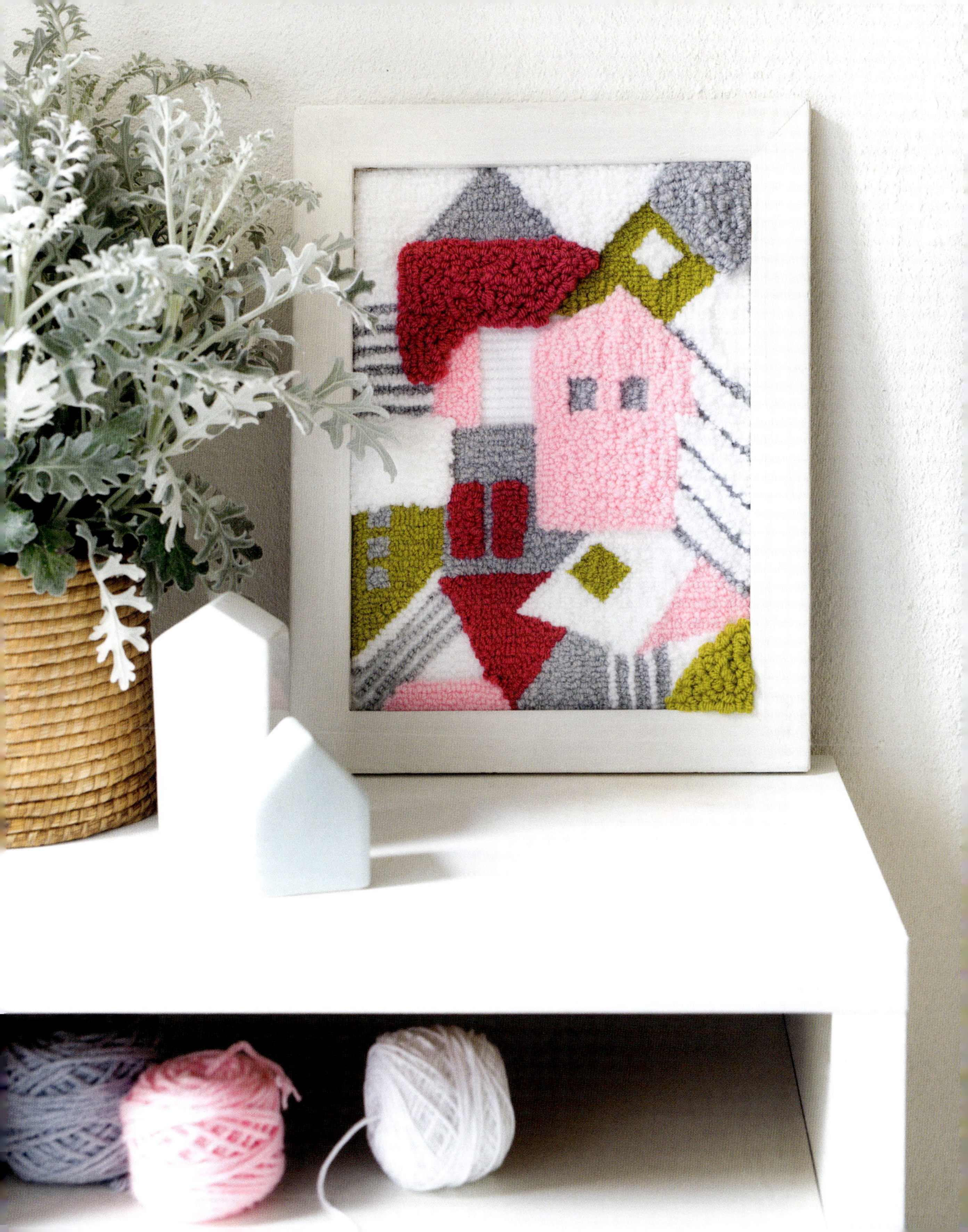

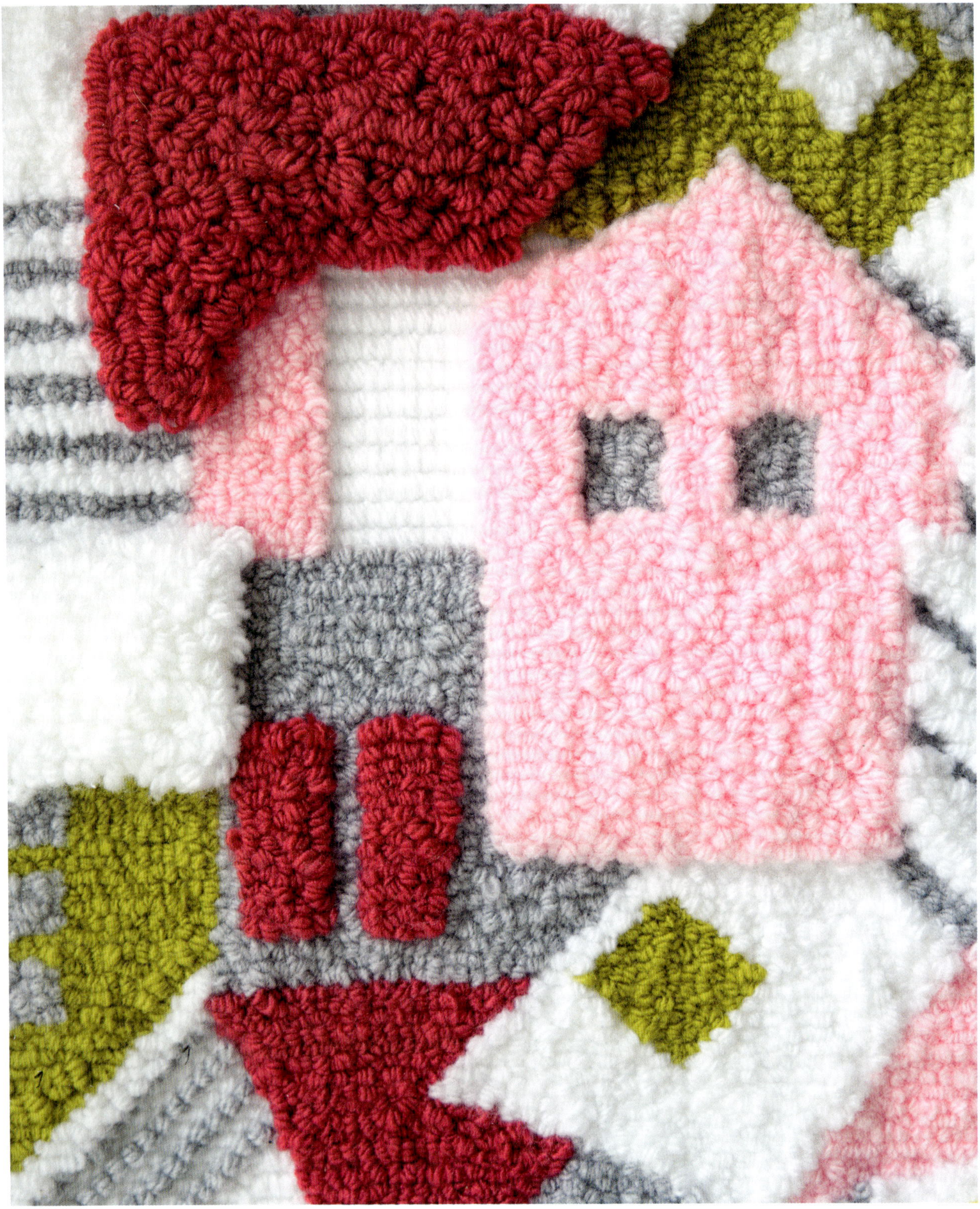

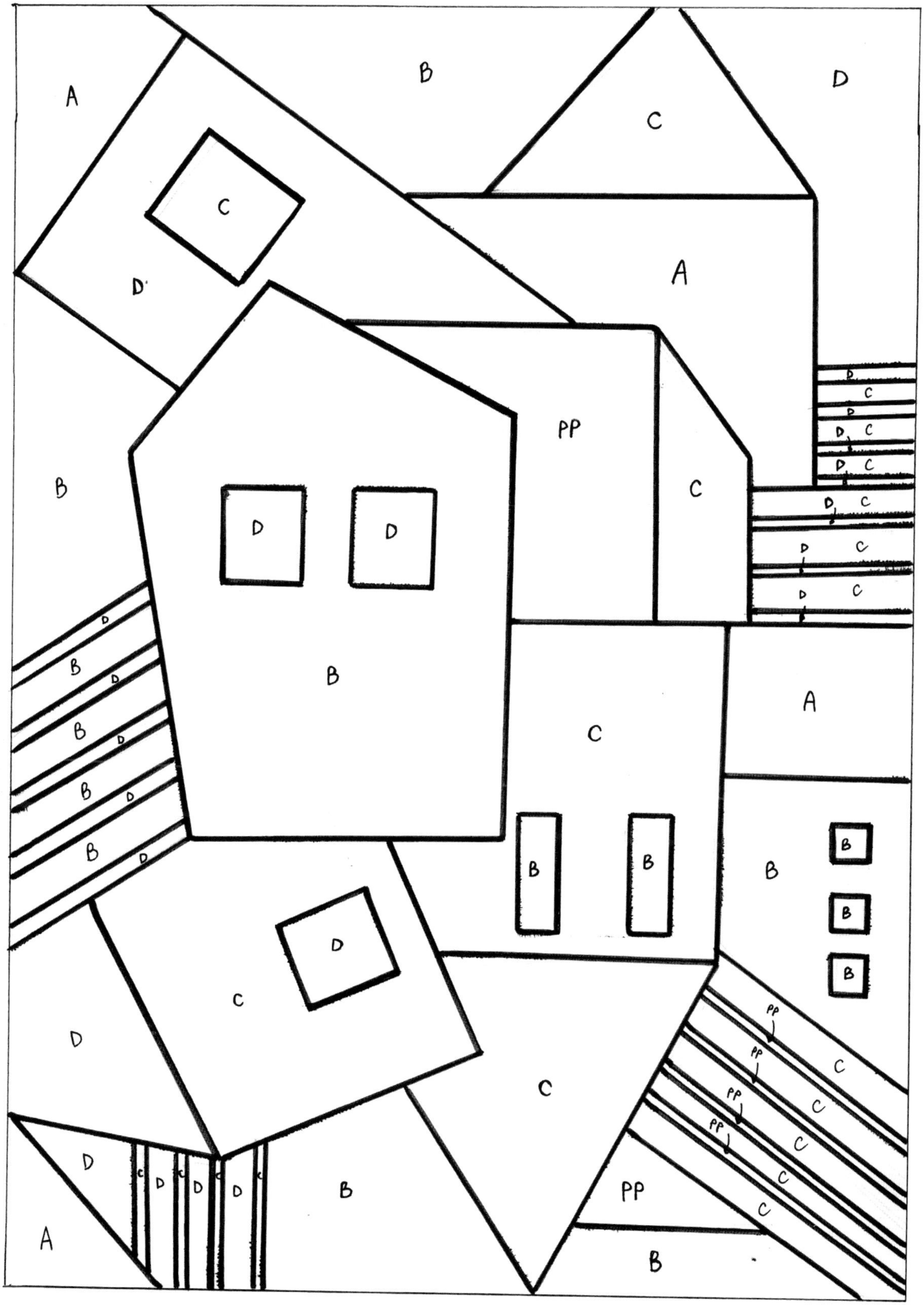

Vorlage auf 150 % vergrößert kopieren

SCHRIFTZÜGE UND INITIALEN

*EIN WILLKOMMENSGRUSS, EIN TÜRSCHILD FÜR DAS ZIMMER DES JÜNGSTEN …
HIER SIND EINIGE TOLLE DEKORATIONSIDEEN!*

MATERIAL UND WERKZEUG

- *1 Punch Needle für dünnes Garn*

Für einen Schriftzug

- *DMC Natura (100% Baumwolle, Lauflänge ca. 155m/50g) in Wunschfarben (1 Knäuel pro Farbe)*
- *1 Keilrahmen, 24 x 33cm*
- *Aida-Stoff 5,5 Loch/cm, 30 x 22cm*
- *Leichtschaumplatte (Carton Plume), Größe DIN A4*
- *Cuttermesser*
- *Textilkleber*
- *1 selbstklebender Bildaufhänger*

Für eine Initiale

- *DMC Natura (100% Baumwolle, Lauflänge ca. 155m/50g) in 2 Wunschfarben (1 Knäuel pro Farbe)*
- *1 Stickrahmen: Ø 13cm*
- *Aida-Stoff 5,5 Loch/cm: 16 x 16cm*
- *Heißklebepistole*
- *1 selbstklebender Bildaufhänger*
- *PC, Drucker*

Verwendeter Stich

- *Schlaufen*

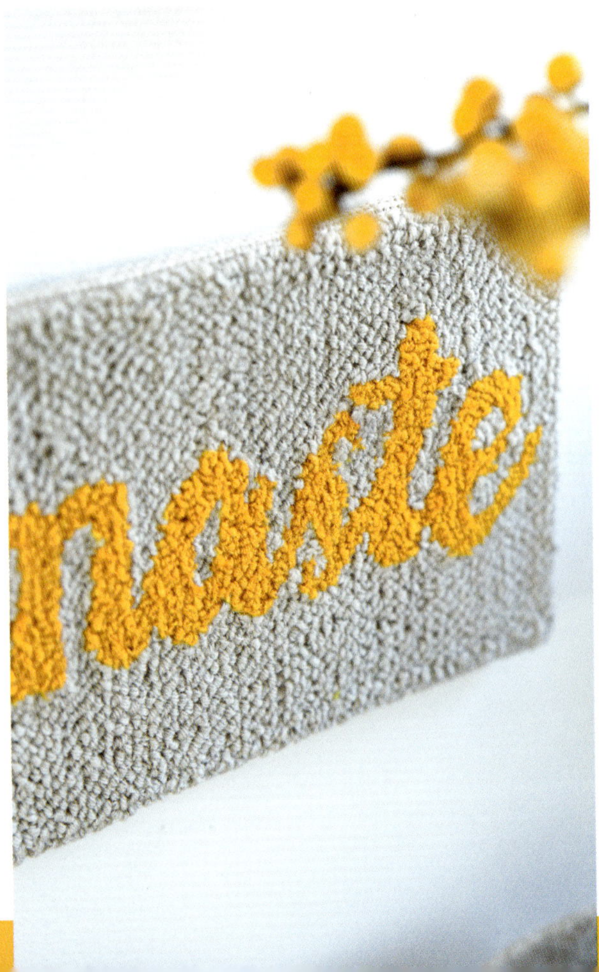

SCHRIFTZÜGE

Vorbereitung

1. Tackern Sie den Aida-Stoff auf den Rahmen.
2. Die Vorlage Ihrer Wahl „FREE HUGS" oder „Namaste" auf Papier übertragen und ausschneiden (siehe Seite 60/61). Falls Sie einen anderen Schriftzug sticken möchten, denken Sie daran, dass das Wort in Spiegelschrift geschrieben sein muss, da es auf der Rückseite gepuncht wird.
3. Befestigen Sie die Vorlage mit Klebeband auf dem Stoff und übertragen Sie das Motiv (siehe Seite 8). Dies wird die Rückseite der Arbeit.

Punchen

1. Sie punchen auf der Rückseite. Setzen Sie die Nadel mit dem größten Öhr in den Schaft der Punch Needle ein und stellen Sie sie auf mittlere Länge (Kerbe 6/7).
2. Mit den Buchstaben beginnen. Arbeiten Sie vom äußeren Rand nach innen. Die Nadel in jedes Stoffloch stechen.
3. Dann den Hintergrund punchen, hier nur in jedes zweite Loch einstechen.

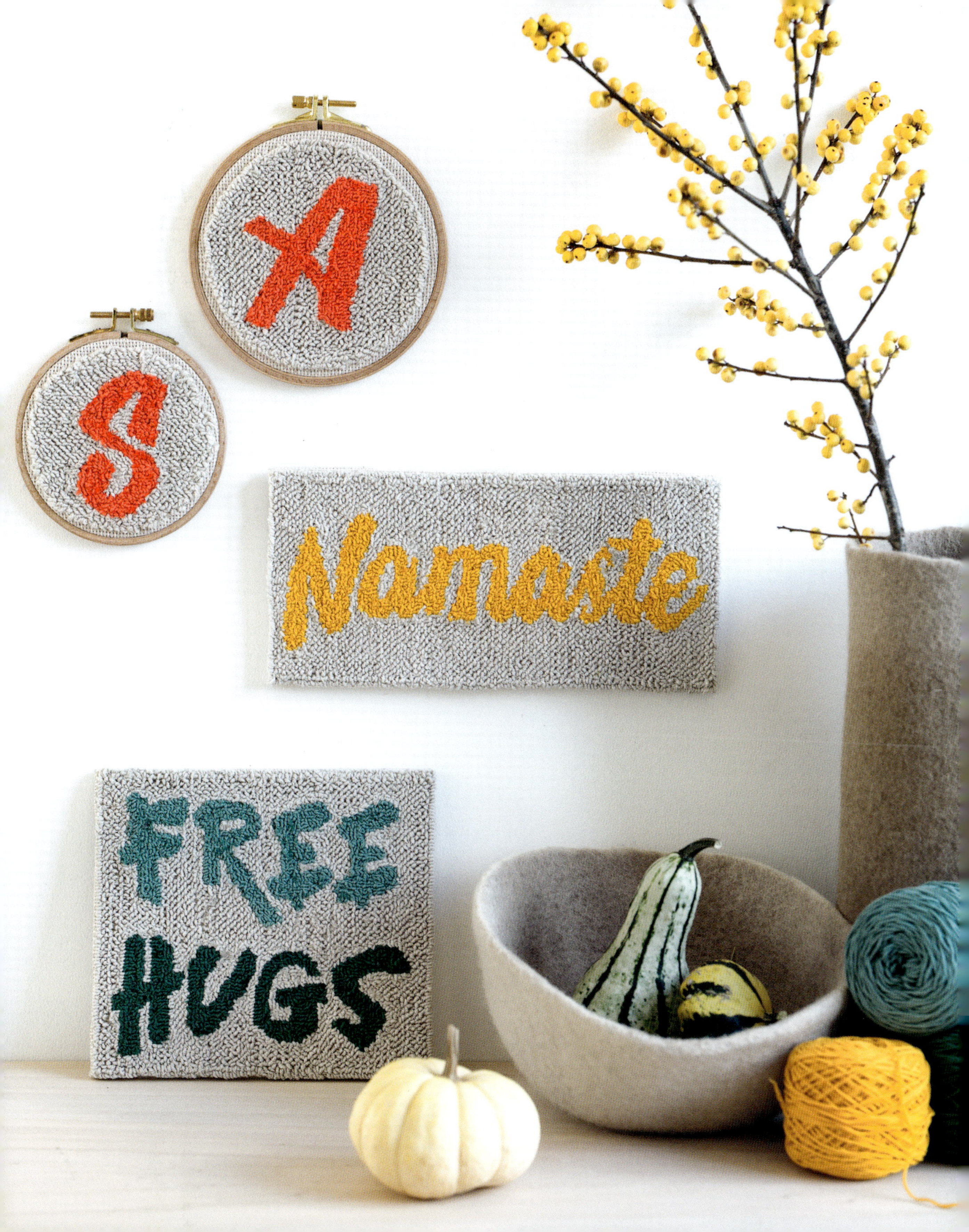
A
S
Namaste
FREE
HUGS

Letzte Handgriffe

1. Entfernen Sie die Klammern und schneiden Sie den Stoff mit einer Zugabe von 2 cm um das Rechteck herum ab. Dann mit dem Cutter ein Stück der Leichtschaumplatte in der Größe 25 x 11 cm für „Namaste" oder 16 x 18 cm für „FREE HUGS" zuschneiden.
2. Textilkleber auf den Stoff streichen und diesen auf die Leichtschaumplatte legen. Dann schlagen Sie die Ränder auf die Rückseite des Kartons um und befestigen den Bildaufhänger.

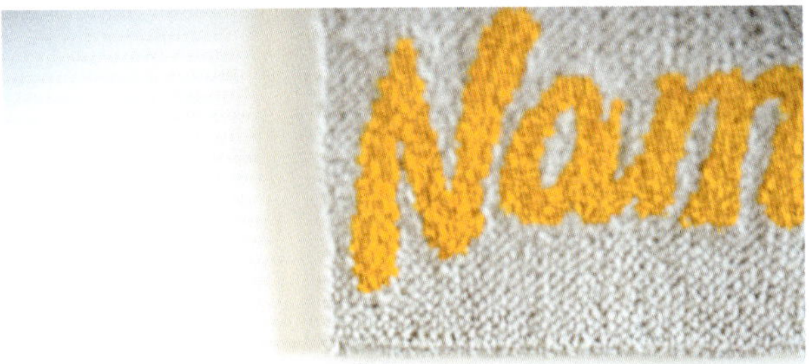

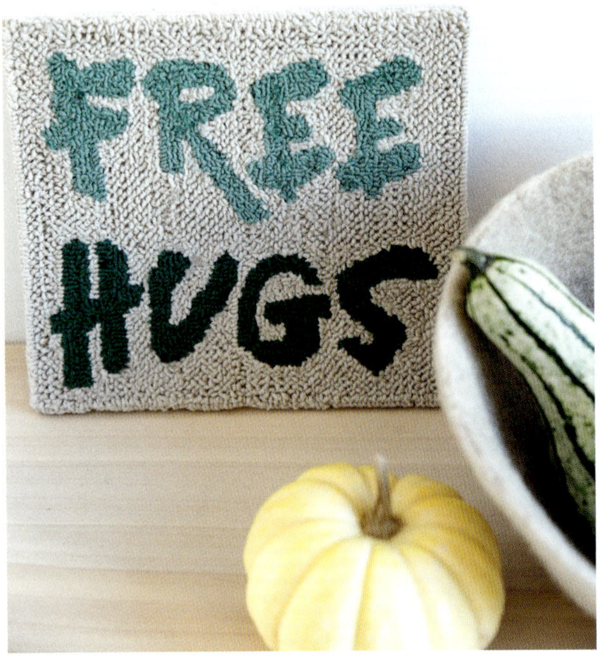

INITIALEN

Vorbereitung

1. Spannen Sie den Aida-Stoff in den Stickrahmen ein.
2. Wählen Sie im Textverarbeitungsprogramm die gewünschte Schriftart (hier Body Soul, Schriftgröße 220) und den Buchstaben und drucken Sie ihn (spiegelverkehrt) aus.
3. Befestigen Sie den ausgedruckten Buchstaben mit Klebeband auf dem Stoff und übertragen Sie das Motiv auf den Stoff (siehe Seite 8). Dies wird die Rückseite der Arbeit.

Punchen

1. Sie punchen auf der Rückseite. Setzen Sie die Nadel mit dem größten Öhr in den Schaft der Punch Needle ein und stellen Sie sie auf mittlere Länge (Kerbe 6/7).
2. Mit dem Buchstaben beginnen. Arbeiten Sie vom äußeren Rand nach innen. Die Nadel in jedes Stoffloch stechen.
3. Dann den Hintergrund punchen, hier nur in jedes zweite Loch einstechen.

Letzte Handgriffe

1. Nehmen Sie die Arbeit aus dem Rahmen, drehen Sie sie um und spannen Sie sie wieder ein.
2. Schlagen Sie die Stoffkanten um und kleben Sie sie mit der Heißklebepistole auf der Rückseite fest.
3. Befestigen Sie den Bildaufhänger.

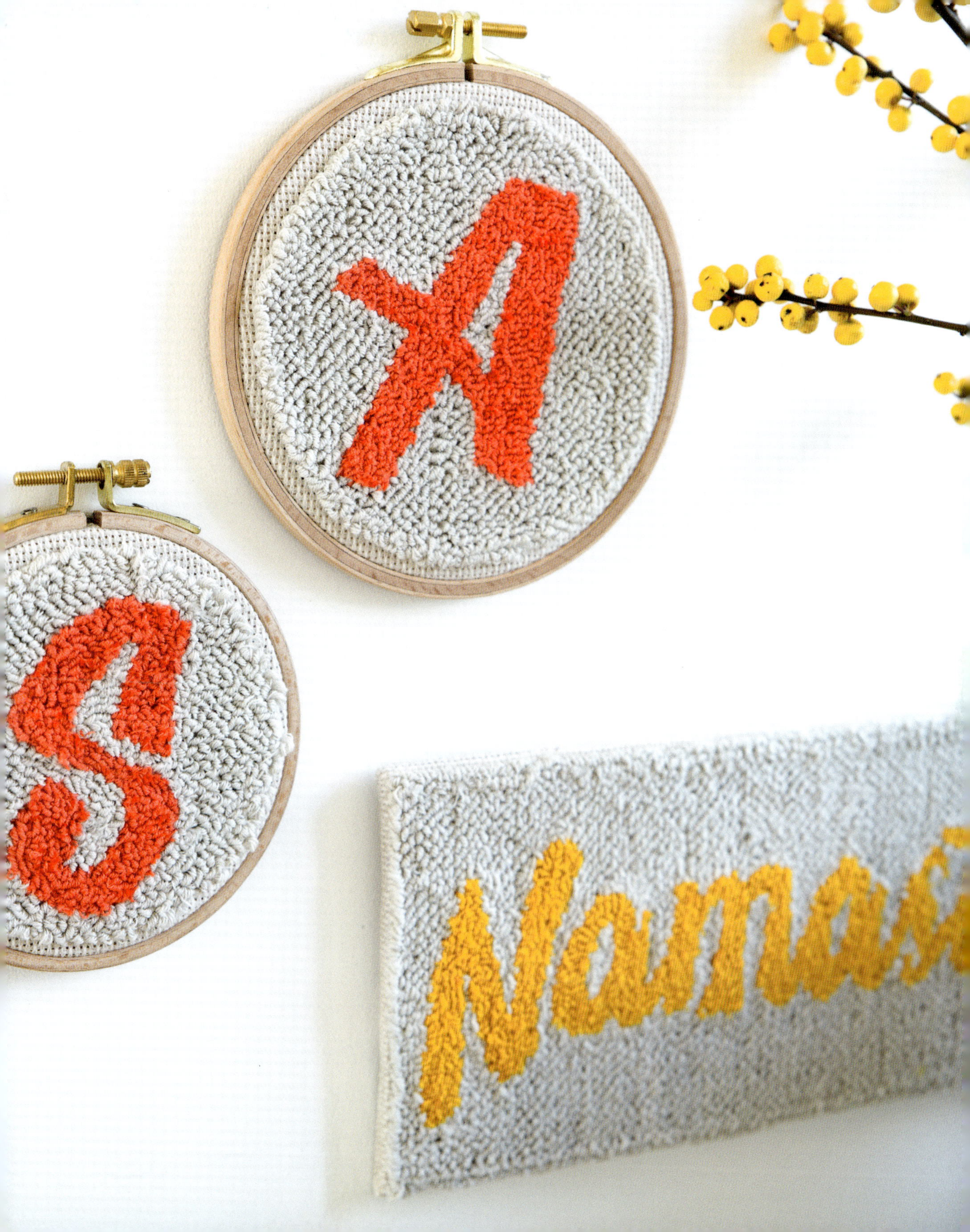
A
S

MEINE KLEINE TROPHÄE

EIN HÜBSCH GERAHMTER KLEINER BÄR, DER LIEBEVOLL ÜBER DAS SCHLUMMERNDE BABY WACHT.

MATERIAL UND WERKZEUG

- *1 Punch Needle für dünnes Garn*
- *DMC Woolly (100% Merinowolle, Lauflänge ca. 125m/50g) in Hellgrau, Dunkelgrau, Schwarz und Rosa (1 Knäuel pro Farbe)*
- *1 Stickrahmen mit Bärenohren, Ø 10cm*
- *Aida-Stoff 4,4 Loch/cm, 20 x 20cm*
- *1 Tacker*

Verwendeter Stich

- *Schlaufen*

Vorbereitung

1. Zeichnen Sie die Vorlage ab und übertragen Sie sie auf den Stoff (siehe Seite 8).
2. Spannen Sie den Stoff in den Stickrahmen ein.

Punchen

1. Stellen Sie die Nadel mit dem größten Öhr auf Kerbe 7 ein (mittelgroße Schlaufen). Auf der Rückseite punchen.
2. Zuerst punchen Sie mit dem schwarzen Garn die Augen und die Schnauze.
3. Arbeiten Sie die Wangen in Rosa. Füllen Sie die Schnauze mit Dunkelgrau. Punchen Sie das Gesicht des Bären in Hellgrau.
4. Lockern Sie die hellgrauen Flächen mit dunkelgrauen Stichen auf (die kleinen Schlaufen lassen sich leicht zwischen die hellgrauen Stiche setzen).
5. Zum Schluss setzen Sie noch einen hellgrauen Stich als Pupille in jedes Auge.

Letzte Handgriffe

1. Lösen Sie den Stoff vom Stickrahmen und drehen Sie ihn um, damit er die Vorderseite zeigt. Straff gespannt halten und auf den Stickrahmen tackern. Den äußeren Teil des Rahmens mit den Ohren setzen Sie wieder auf: durch die Dicke des Gewebes und die Klammern kann der Stoff nicht verrutschen.
2. Schneiden Sie den auf der Rückseite des Stickrahmens überstehenden Stoff ab.

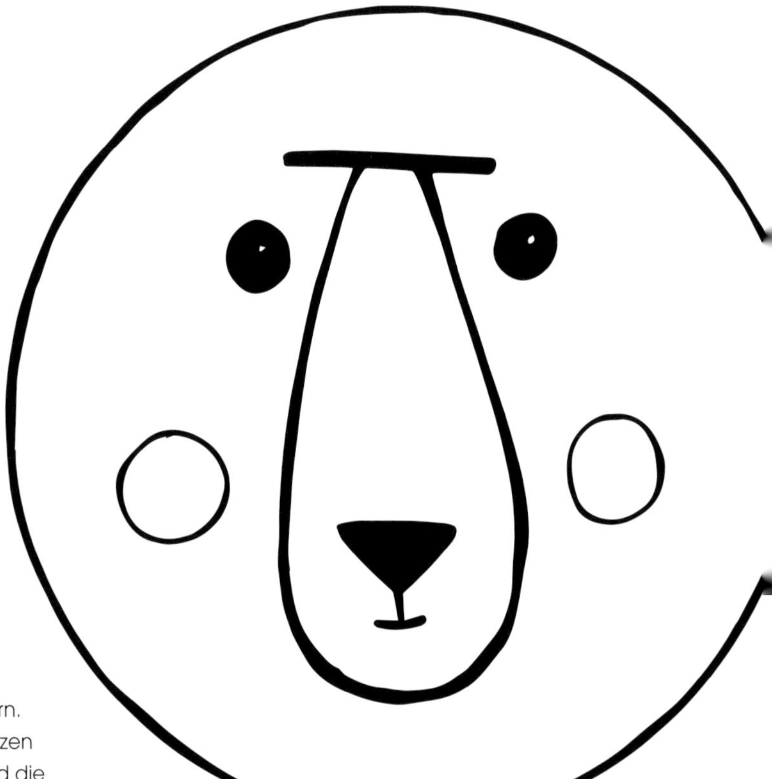

Vorlage in Orginalgröße

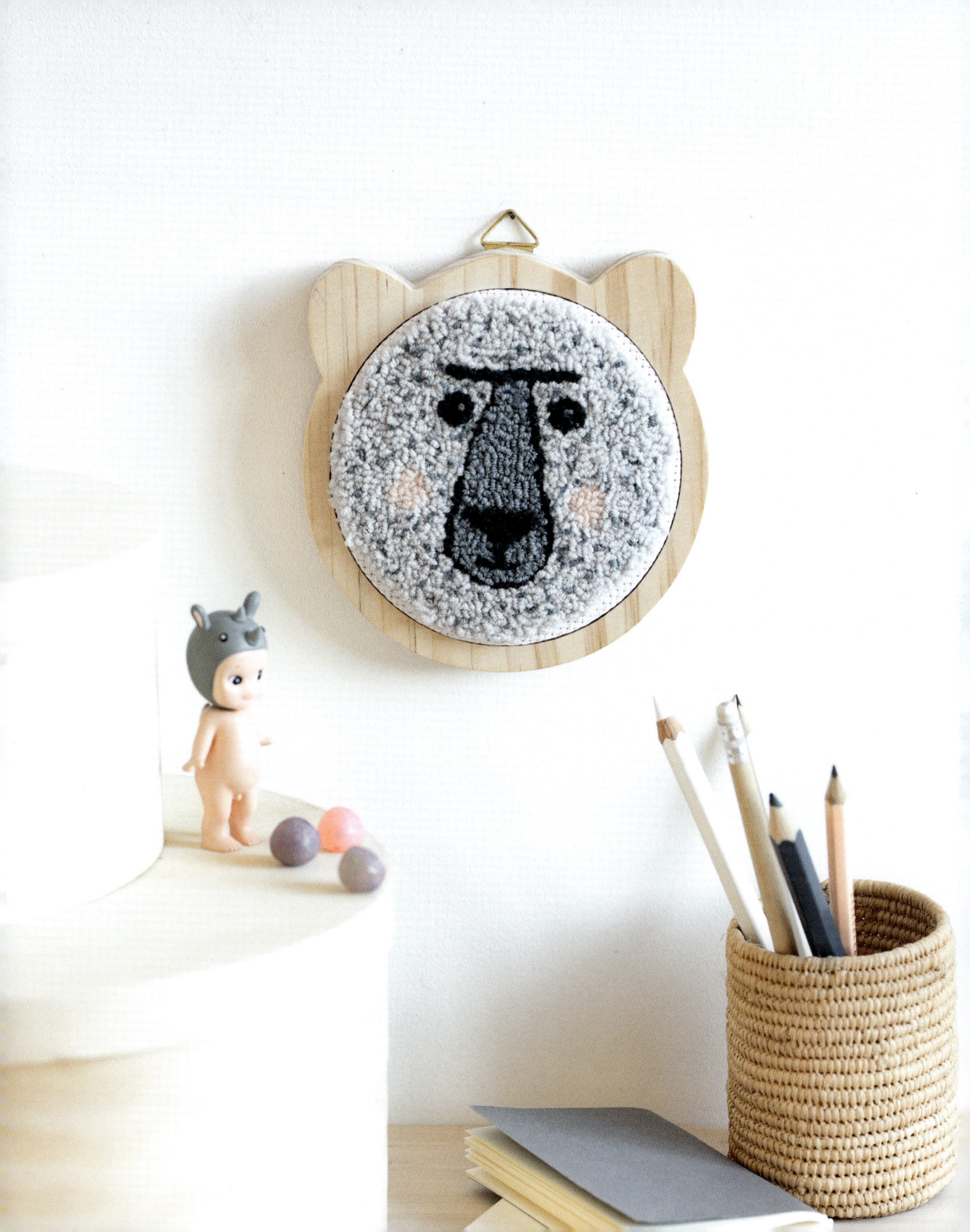

STERNEN-NACHTLICHT

DAS GEDÄMPFTE STERNENLICHT IST EINE GUTE EINSCHLAFHILFE FÜR DIE KLEINEN UND BESCHERT DEN GROSSEN KUSCHLIGE ABENDE.

MATERIAL UND WERKZEUG

- *1 Punch Needle für dünnes Garn*
- *DMC Natura (100% Baumwolle, Lauflänge ca. 155m/50g) in Weiß, Grau und Blau (1 Knäuel pro Farbe)*
- *1 Bilderrahmen mit Glas, mit tiefem Rand, (mindestens 2,5cm dick), 15 x 15cm*
- *Aida-Stoff 5,5 Loch/cm: 25 x 25cm*
- *Sperrholz, ca. 10 x 10cm*
- *1 Lichterkette mit 10 LEDs, batteriebetrieben*
- *1 Tacker*
- *Textilkleber*
- *Pinsel*
- *Heißklebepistole*
- *Cuttermesser*

Verwendete Stiche

- *Plattstiche*
- *Schlaufen*

Vorbereitung

1. Entfernen Sie das Glas und die Rückseite vom Rahmen. Streichen Sie mit dem Pinsel Textilkleber auf die äußeren Ränder des Rahmens.
2. Legen Sie den Stoff auf den Rahmen, ziehen Sie ihn straff und tackern Sie ihn straff gespannt auf der Rahmenrückseite fest.
3. Den Stern (siehe Seite 61) auf Papier übertragen, ausschneiden und als Vorlage verwenden, um ihn in der Mitte des Rahmens auf die Stoffrückseite zu zeichnen. Markieren Sie zusätzlich die Positionen der 10 LEDs.

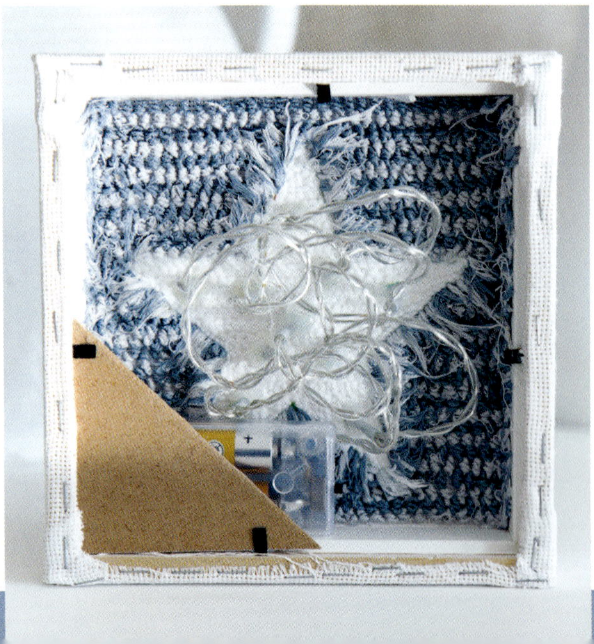

Punchen

1. Die Nadel mit dem größten Öhr auf Kerbe 6 einstellen (mittelgroße Schlaufen). Punchen Sie auf der Stoffrückseite das Innere des Sterns und lassen Sie für jede LED ein Quadrat von vier Löchern frei.
2. Drehen Sie den Rahmen, um auf der Stoffvorderseite Plattstiche mit einem Abstand von ca. 0,5cm zu punchen. Wechseln Sie alle drei Reihen die Farbe, damit ein Muster aus abwechselnd grauen und blauen Streifen entsteht.

Letzte Handgriffe

1. Streichen Sie mit dem Pinsel Textilkleber auf die gesamte Rückseite der Arbeit, um die Stickerei dauerhaft zu fixieren.
2. Um die LEDs auf der Rückseite der Stickerei anzubringen, schneiden Sie die Mitte jedes frei gelassenen Quadrats mit einer Schere aus und setzen Sie 1 LED ein.
3. Zum Befestigen der LEDs im Stoff halten Sie diese gerade und kleben Sie sie mit der Heißklebepistole fest.
4. Schneiden Sie mit dem Cutter ein rechtwinkliges Dreieck aus dem Sperrholz, dessen beide Schenkel je eine Länge von 7cm haben. Legen Sie das Dreieck auf die untere Seite des Rahmens und befestigen Sie es mit den dafür vorgesehenen Laschen. Schieben Sie das Batteriefach der Lichterkette in den Hohlraum, der hinter dem Dreieck entstanden ist. Achten Sie dabei darauf, dass der Ein-/Ausschalter auf der offenen Seite platziert ist.

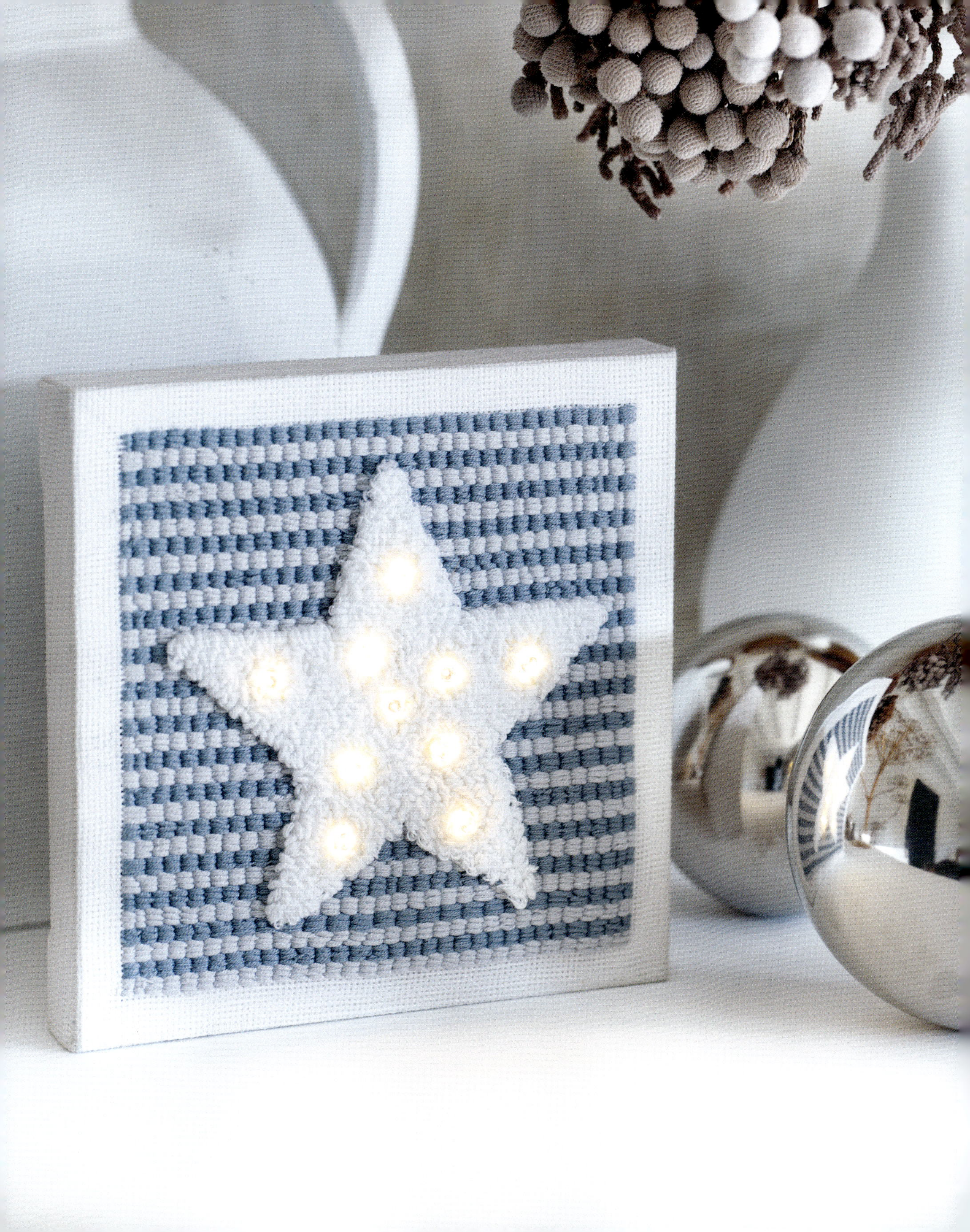

GRAFISCHER SOFA-ORGANIZER

SCHÖN UND PRAKTISCH: MIT DIESEN ZWEI TASCHEN ÜBER DER ARMLEHNE DES SOFAS IST ALLES IN REICHWEITE.

MATERIAL UND WERKZEUG

- *1 Punch Needle für dickes Garn*
- *DMC Natura XL (100% Baumwolle, Lauflänge ca. 75m/100g) in Schwarz, Weiß und Gelb (1 Knäuel pro Farbe)*
- *1 Keilrahmen, 30 x 60cm*
- *Aida-Stoff 2,4 Loch/cm, 30 x 60cm*
- *Dicker Möbelstoff, 58 x 78cm*
- *Bügelvlies*

Verwendeter Stich

- *Schlaufen*

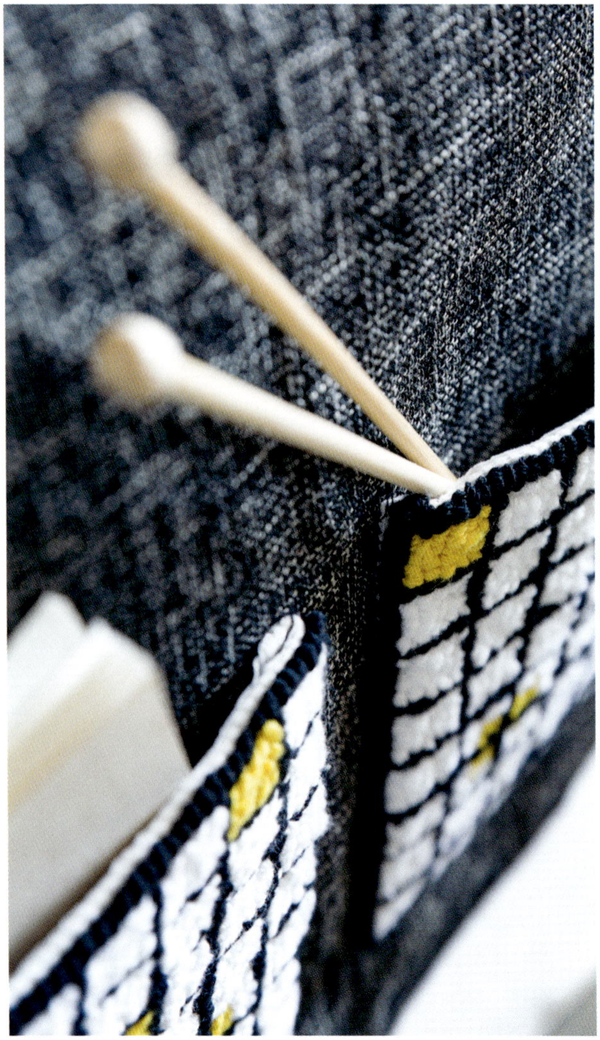

Vorbereitung

1. Tackern Sie den Aida-Stoff auf den Rahmen.
2. Zeichnen Sie mit der Kreide 2 Rechtecke von je 20 x 22,5cm auf den Stoff. Füllen Sie diese mit einem Gittermuster aus vertikalen und horizontalen Linien, die Sie im Abstand von 2,5cm ziehen.

Punchen

1. Stellen Sie die Nadel auf Kerbe C (mittelgroße Schlaufen) und punchen Sie auf der Rückseite.
2. Beginnen Sie mit den schwarzen Linien. Dann punchen Sie ein paar gelbe Quadrate unterschiedlicher Größe, die Sie beliebig auf dem Gitter platzieren.
3. Punchen Sie zum Abschluss die übrige Fläche in Weiß.

Letzte Handgriffe

1. Schneiden Sie jedes Rechteck mit einer Stoffzugabe von 2cm aus. Schlagen Sie diese Ränder auf die Rückseite der Taschen um.
2. Schneiden Sie zum Sichern der Stickerei und als Innenfutter für die Taschen zwei 20 x 22,5cm große Rechtecke Bügelvlies aus und bügeln Sie diese auf die Taschenrückseiten auf.
3. Zum Säumen des Polsterstoffhalters schlagen Sie die Ränder des Stoffrechtecks zweimal jeweils 1cm um.
4. Stecken Sie die zwei Taschen 6cm vom unteren Rand entfernt auf dem Stoff fest und nähen Sie sie auf drei Seiten fest.

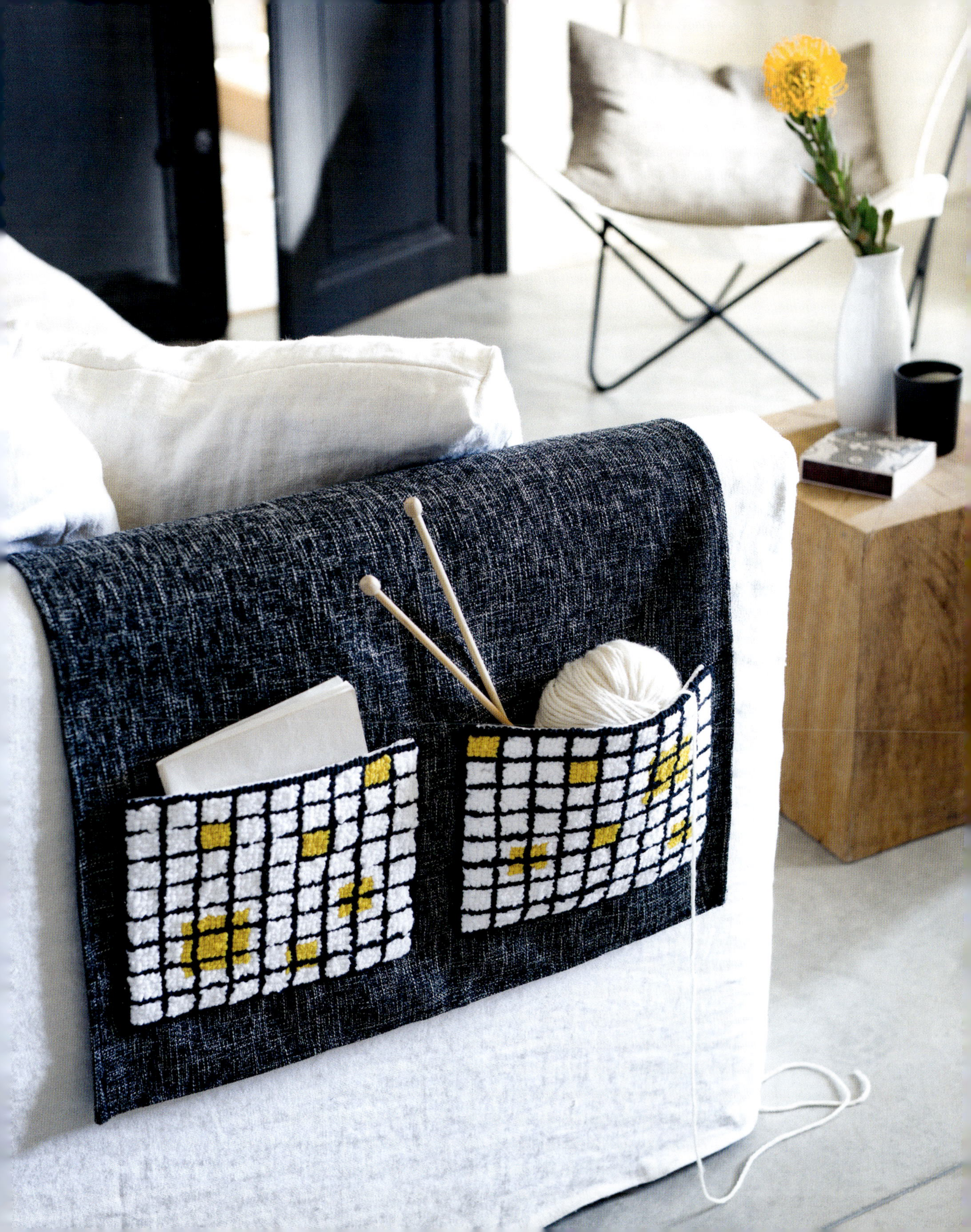

STOFFBEUTEL – MANN UND FRAU

GESTALTEN SIE IHRE TRAGETASCHE INDIVIDUELL MIT GESICHTERN. FÜR MANN UND FRAU.

MATERIAL UND WERKZEUG

- *1 Punch Needle für dickes Garn*
- *DMC Natura XL (100% Baumwolle, Lauflänge ca. 75m/100g) in Schwarz, Weiß, Blau oder Rosa (1 Knäuel pro Farbe)*
- *1 Keilrahmen, 33 x 41 cm*
- *Aida-Stoff 2,4 Loch/cm, 30 x 40cm*
- *Textilkleber*
- *Stofftasche (Tote Bag)*

Verwendeter Stich

- *Schlaufen*

Vorbereitung

1. Tackern Sie den Aida-Stoff auf den Rahmen.
2. Kopieren Sie das gewünschte Motiv von Seite 28/29 auf 120% vergrößert auf Papier.
3. Befestigen Sie die Vorlage mit Klebeband auf dem Stoff und übertragen Sie das Motiv (siehe Seite 8). Dies wird die Rückseite der Arbeit.

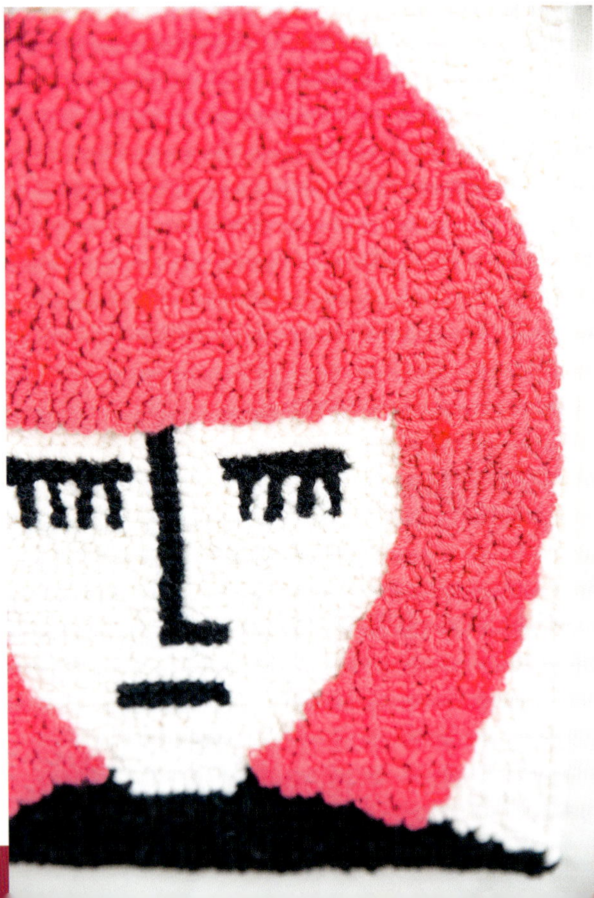

Punchen

1. Punchen Sie auf der Rückseite, stellen Sie dafür die Nadellänge auf Kerbe C (mittelgroße Schlaufen).
2. Beginnen Sie mit den Haaren und arbeiten Sie vom äußeren Rand nach innen.
3. Punchen Sie zuerst die Gesichtskonturen in Schwarz und fahren Sie dann mit der Kleidung fort. Zum Schluss füllen Sie Gesicht und Hintergrund mit weißem Garn.

Letzte Handgriffe

1. Entfernen Sie die Klammern vom Rahmen und schneiden Sie den Stoff mit einer Zugabe von 2cm um das Rechteck herum ab. Schlagen Sie die Stoffkanten auf die Rückseite der Stickerei um und verkleben Sie diese.
2. Bestreichen Sie die Rückseite der Stickarbeit mit Textilkleber und befestigen Sie diese auf der Stofftasche.

TIPP

Für einen festeren Halt können Sie das Motiv mit einigen Stichen rund um die Ränder noch zusätzlich von Hand auf die Tasche nähen.

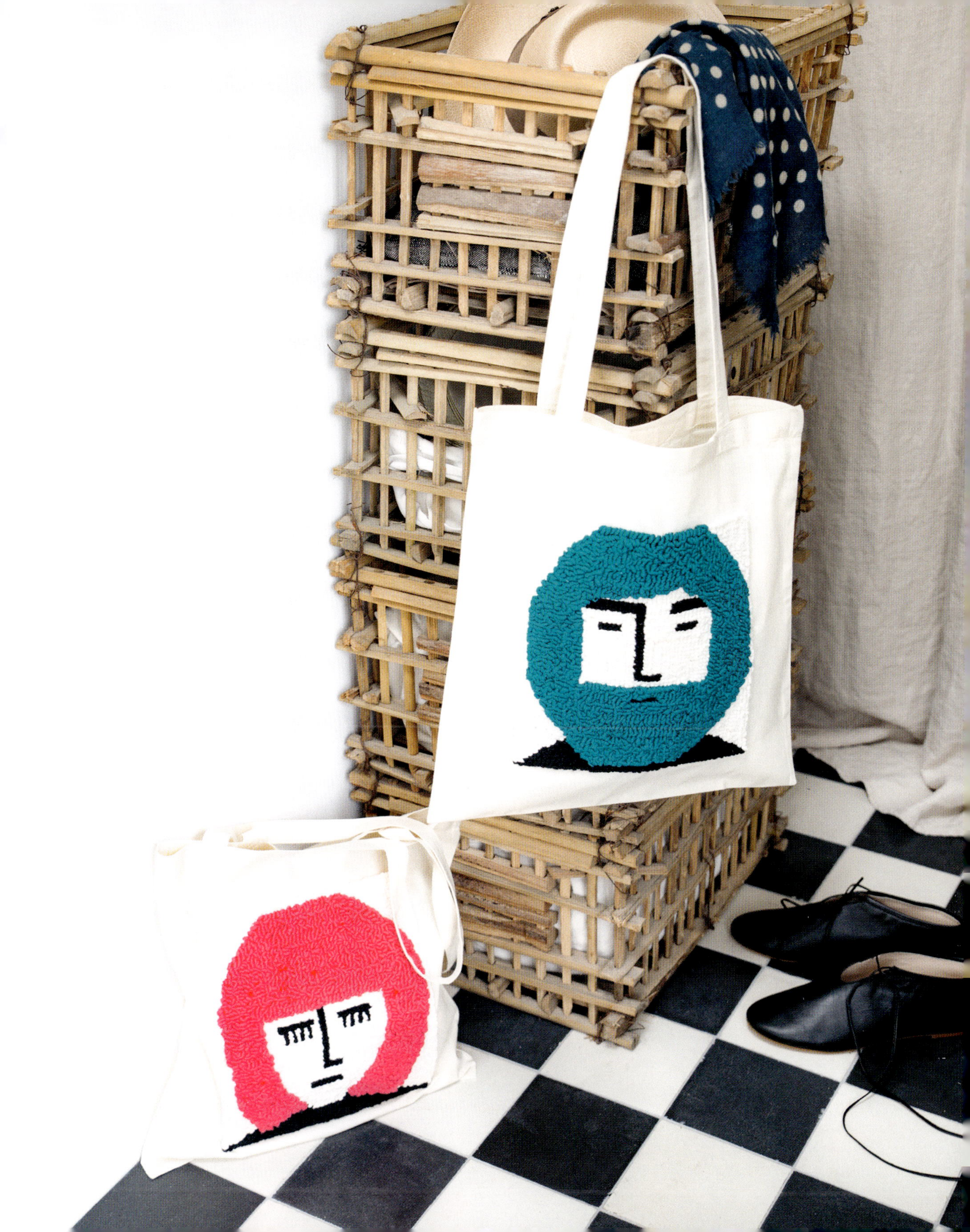

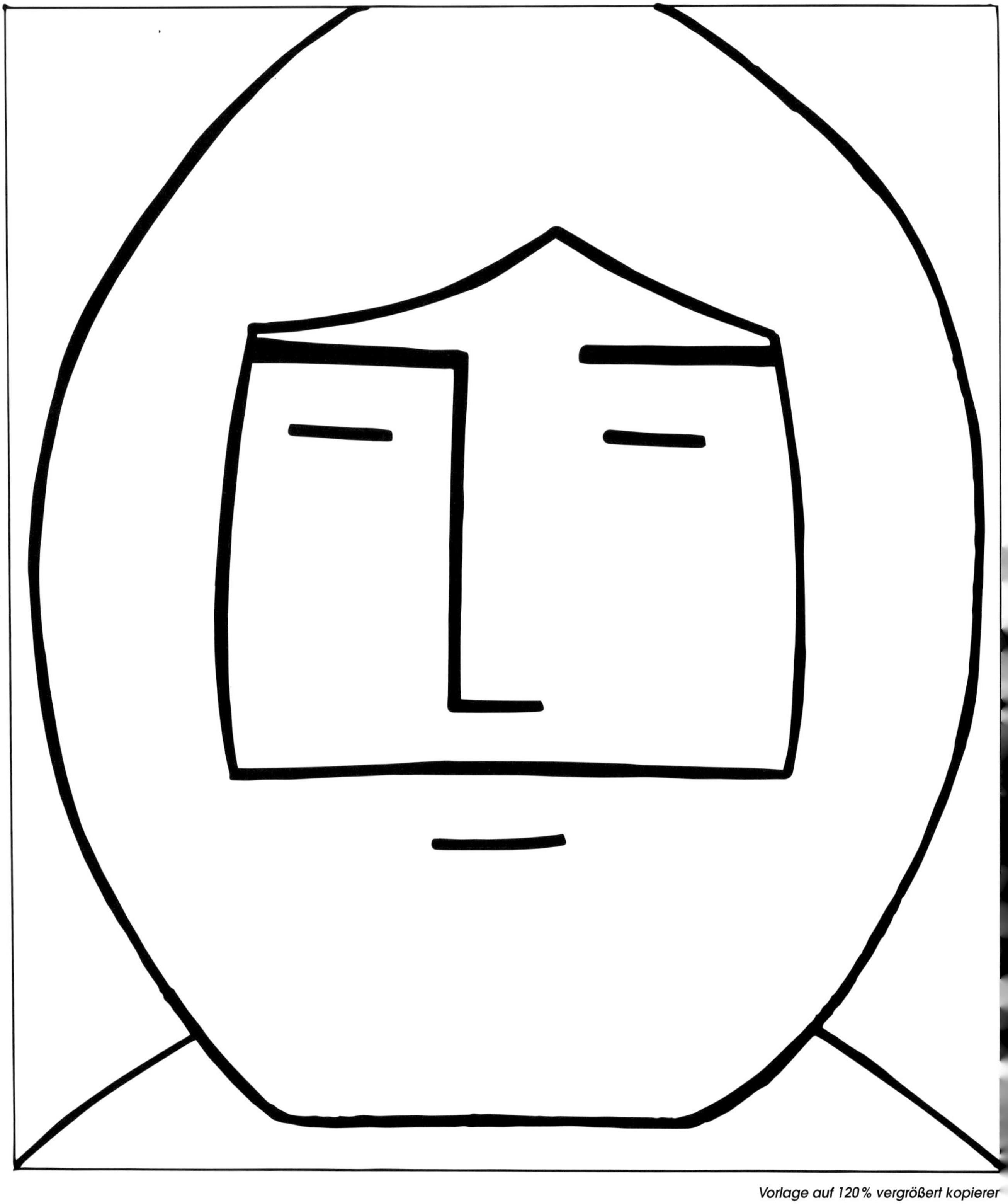

Vorlage auf 120 % vergrößert kopierer

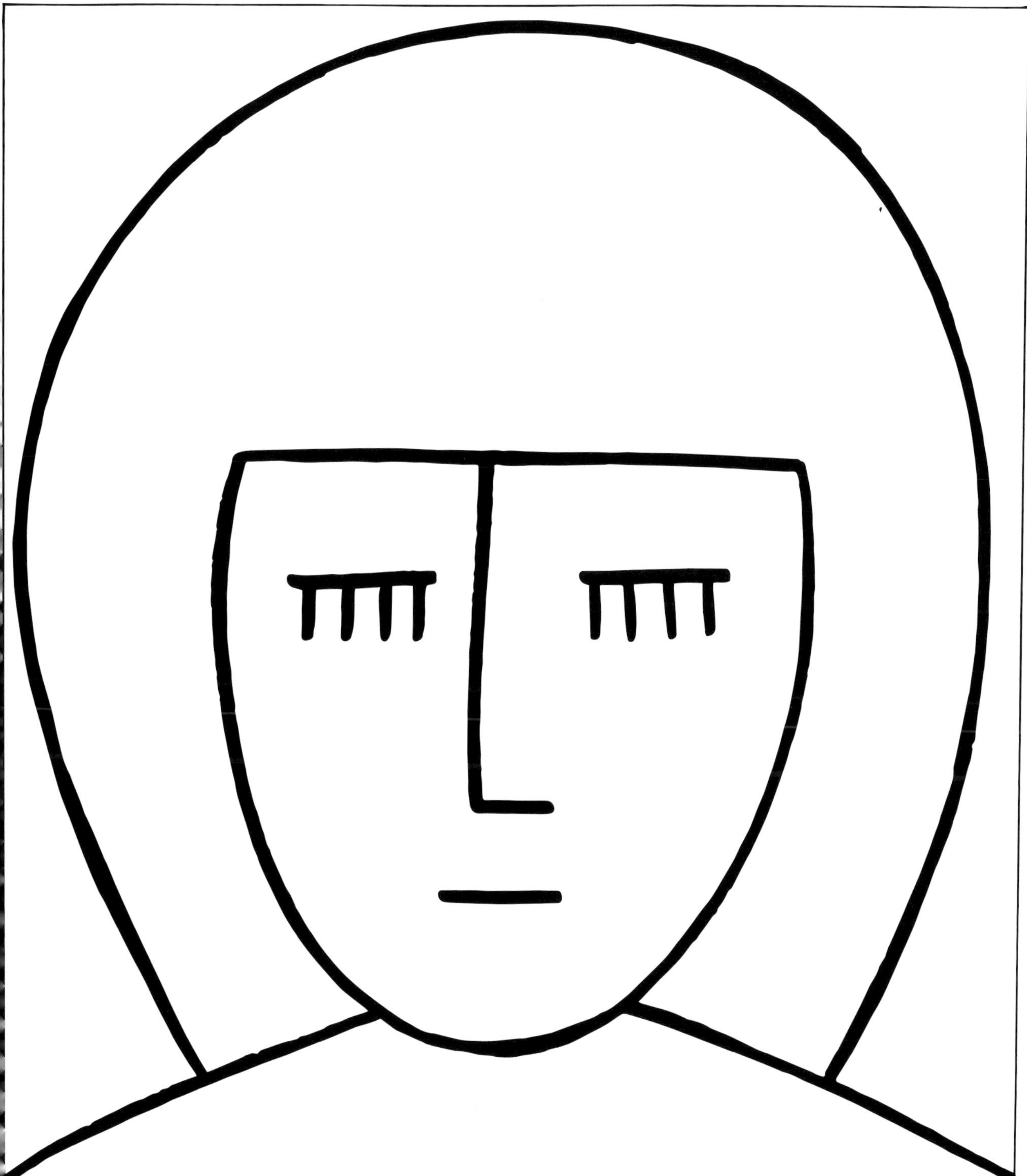

Vorlage auf 120 % vergrößert kopieren

CLUTCH IM ETHNO-LOOK

DIE TRENDIGE CLUTCH IM BERBER-LOOK. DAS ABSOLUTE MUST-HAVE!

MATERIAL UND WERKZEUG

- *1 Punch Needle für dickes Garn*
- *DMC Natura XL (100% Baumwolle, Lauflänge ca. 75m/100g) in Sand, Terracotta, Rosenholz, Blau und Scharlachrot (1 Knäuel pro Farbe)*
- *Aida-Stoff 2,4 Loch/cm, 30 x 40cm*
- *1 Keilrahmen, 30 x 40cm*
- *Baumwollstoff für die Rückseite und als Innenfutter, 3x 22 x 27cm*
- *Bügelvlies, 2x 22 x 27cm*
- *1 Reißverschluss, 25cm lang*
- *Tacker*
- *1 Stück Karton, 10 x 10cm*

Verwendeter Stich

- *Schlaufen*

Vorbereitung

1. Als Erstes tackern Sie den Aida-Stoff auf den Rahmen.
2. Übertragen Sie das Motiv von Seite 63 auf den Stoff (siehe Seite 8).

Punchen

1. Stellen Sie die Nadellänge auf Kerbe C (mittelgroße Schlaufen).
2. Punchen Sie auf der Rückseite.

Letzte Handgriffe

1. Lösen Sie den gepunchten Stoff vom Rahmen. Schneiden Sie ihn 2cm vom Rand der Stickerei entfernt ab, sodass Sie ein 22 x 27cm großes Rechteck erhalten.
2. Bügeln Sie auf die Rückseite des Arbeitsstücks sowie auf die Rückseite des Stoffs, der das Rückteil der Clutch bildet, das Bügelvlies auf.
3. Die Stickerei so hinlegen, dass die rechte Seite nach oben zeigt. Dann legen Sie den Reißverschluss rechts auf rechts und den Futterstoff mit der linken Seite nach oben darauf. Nähen Sie den Reißverschluss zwischen die beiden Stofflagen. Danach das Innenfutter wenden und hinter die Stickerei legen. Der Reißverschluss ist nun nach außen gekehrt.
4. Die andere Seite des Reißverschlusses nähen Sie auf die gleiche Weise an die Rückseite der Clutch und das Innenfutter.
5. Nähen Sie die Seiten zusammen: Legen Sie die bestickte Seite und die Rückseite der Clutch Kante auf Kante aufeinander und stecken diese an drei Seiten fest. Den Innenstoff ebenfalls Kante auf Kante legen und an den drei Seiten feststecken. Setzen Sie die Naht 1cm von der Stoffkante entfernt um die beiden Stoffteile herum und halten Sie dabei eine Öffnung von ca. 12cm frei, damit Sie die Clutch umstülpen können. Die Tasche durch die offene Stelle wenden und diese mit einer unsichtbaren Naht schließen.

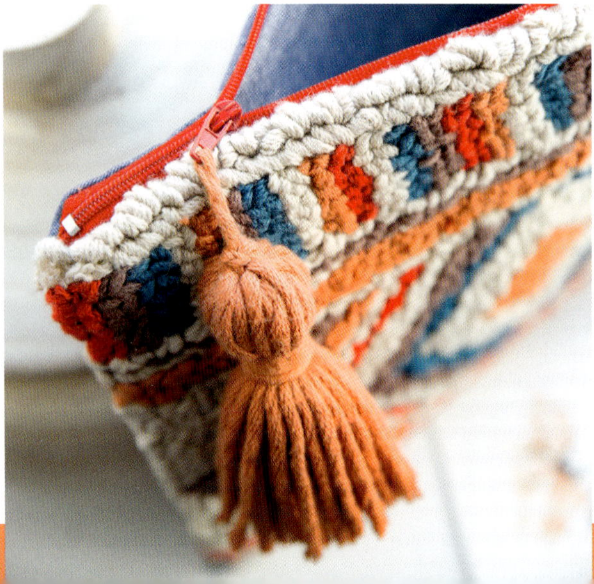

Die Quaste

1. Wickeln Sie die Wolle ca. 30-mal um den Karton. Mit einem zweiten Faden die Wollfäden am oberen Ende zusammenbinden und am unteren Ende aufschneiden. Den Karton entfernen.
2. Schneiden Sie einen 30cm langen Faden ab und umwickeln Sie damit die Quaste 3cm vom oberen Rand entfernt. Abbinden und die Fadenenden ins Innere ziehen. Begradigen Sie mit einer Schere die Fadenenden der Quaste.
3. Nähen Sie die Quaste an den Reißverschlussschieber.

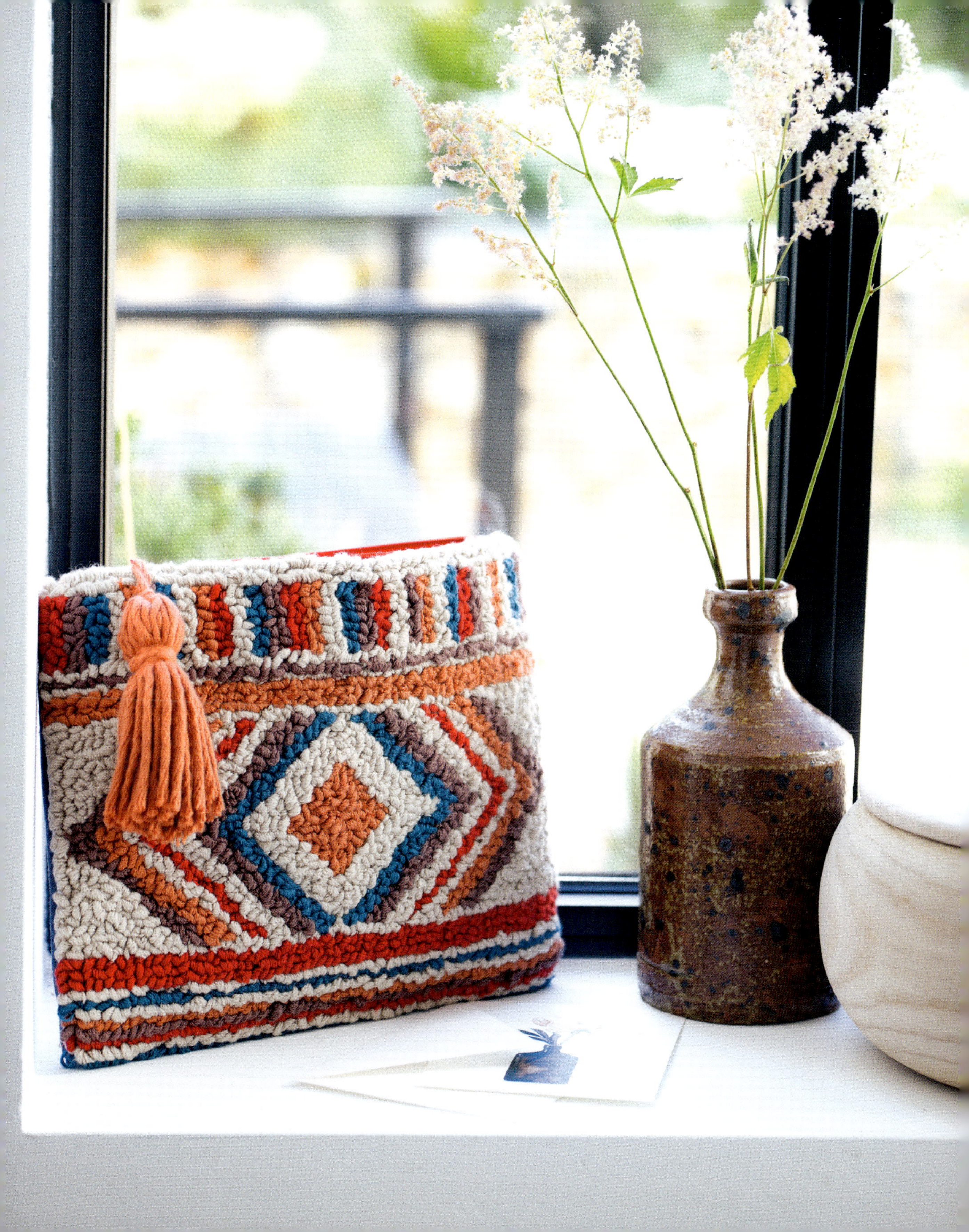

BRILLENETUI

VERLEIHEN SIE IHREM BRILLENETUI MIT FARBEFFEKTEN UND EINER RELIEFARTIGEN OPTIK EINEN EINZIGARTIGEN LOOK.

MATERIAL UND WERKZEUG

- *1 Punch Needle für dünnes Garn*
- *Bedruckter Baumwollstoff (das Motiv muss auf der Rückseite des Stoffs zu sehen sein), 26 x 16,5 cm*
- *1 Stickrahmen, Ø 10 cm*
- *6-fädiges Stickgarn, 2 Stränge Weiß und 5 Stränge in Wunschfarben*
- *Bügelvlies, 26 x 16,5 cm*
- *1 Druckknopf*

Verwendeter Stich

- *Schlaufen*

Vorbereitung

1. Schneiden Sie aus dem bedruckten Stoff zwei 13 x 16,5 cm große Rechtecke aus.
2. Zeichnen Sie einen 9 cm großen Kreis auf die Rückseite eines der Rechtecke (den inneren Kreis des Stickrahmens als Vorlage verwenden), um die Position der Stickerei zu markieren.
3. Diesen Kreis mit der Rückseite des Stoffs nach oben in den Stickrahmen einspannen.
4. Schneiden Sie ca. 100 cm Stickgarn für den ersten Faden ab. Das Stickgarn in zweimal drei Fäden teilen. Fädeln Sie während des Punchens nach und nach weiteres 3-fädiges Garn in die Nadel.

Punchen

1. Die Länge der Nadel mit dem kleinsten Öhr auf Kerbe 5 stellen (mittelgroße Schlaufen). Punchen Sie auf der Rückseite.
2. Punchen Sie die beiden mittleren Motive in jeweils unterschiedlicher Farbe, punchen Sie jeweils zwei weitere Motive mit einer anderen Farbe.
3. Die übrigen Motive im Inneren des Kreises punchen Sie mit der letzten Farbe.
4. Den Hintergrund in Weiß punchen.

TIPP

Verwenden Sie Garnfarben, die mit den Farbtönen des Stoffs harmonieren.

Letzte Handgriffe

1. Nehmen Sie den Stoff aus dem Rahmen.
2. Zum Fixieren der Stickerei und als Innenfutter für das Etui schneiden Sie zwei 13 x 16,5 cm große Rechtecke Bügelvlies aus und bügeln sie auf die Rückseiten der zwei Stoffstücke.
3. Legen Sie die beiden Stoffstücke rechts auf rechts und nähen Sie sie an drei Seiten ca. 1 cm von der Stoffkante entfernt zusammen.
4. Versäubern Sie die offene Seite des Etuis mit einem 2 x 1 cm großen Saum. Wenden Sie das Etui auf rechts.
5. Nähen Sie den Druckknopf mittig an der Etuiöffnung fest.

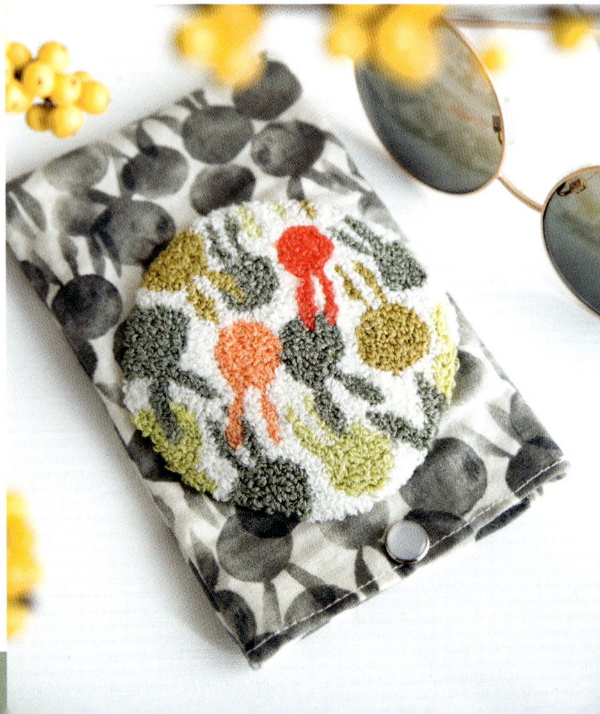

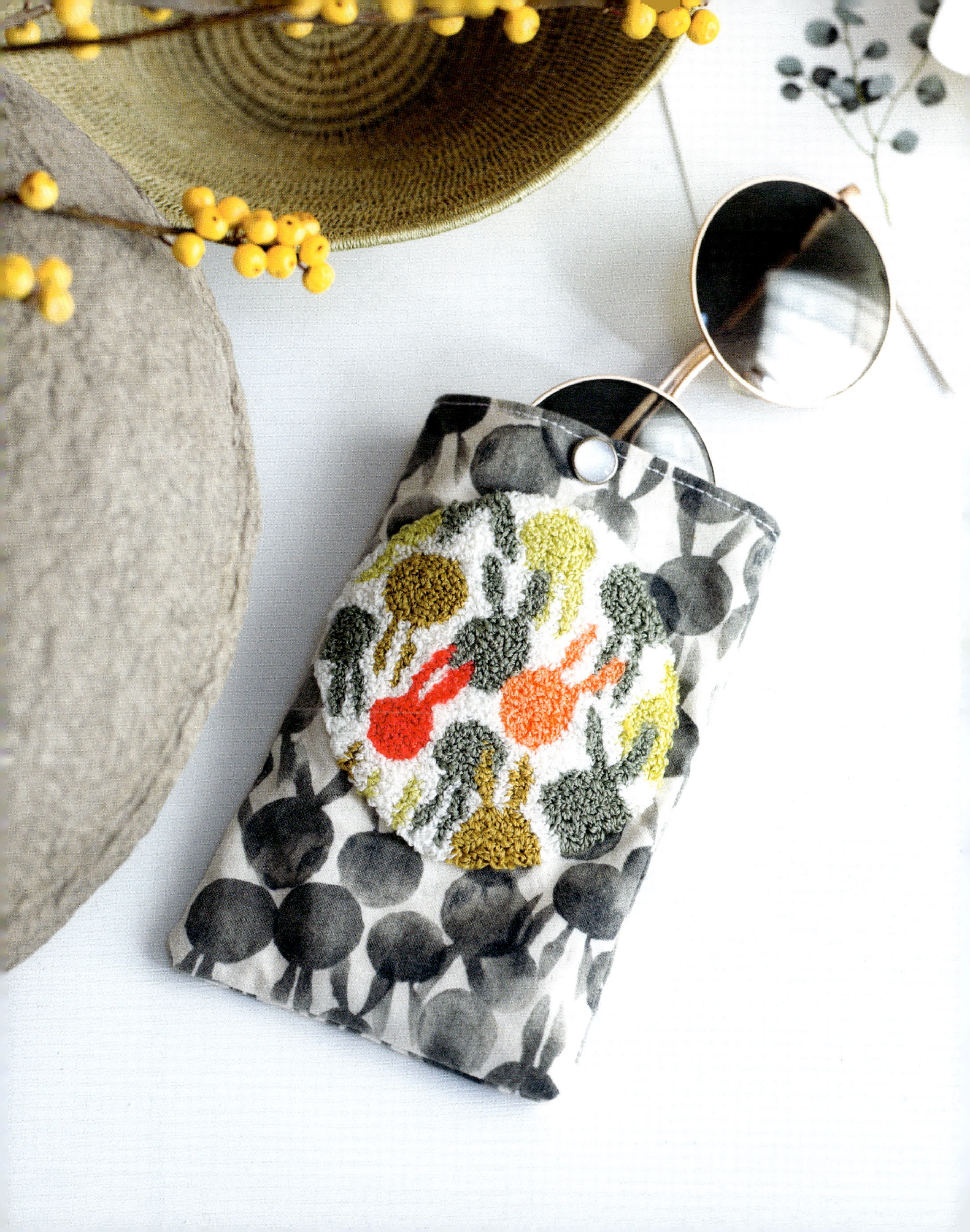

LEINENKISSEN MIT BLATTMOTIV

VERSUCHEN SIE ES EINMAL MIT PLATT- UND GERADSTICHEN AUF SCHÖNEM ZEITLOSEM LEINENSTOFF – ZUM BEISPIEL MIT EINEM HÜBSCHEN PFLANZENMOTIV.

MATERIAL UND WERKZEUG

- *1 Punch Needle für dünnes Garn*
- *DMC Natura Linen (58% Leinen, 26% Viskose, 16% Baumwolle, Lauflänge ca. 150m/50g) in Khaki, Blaugrau und Kirschrot (1 Knäuel pro Farbe)*
- *Beiger Leinenstoff, 50 x 100cm*
- *1 Keilrahmen, 50 x 50cm*
- *Bügelvlies, 42 x 42cm*
- *1 Kissen zum Beziehen, 40 x 40cm*
- *Tacker*

Verwendete Stiche

- *Plattstiche*
- *Geradstiche*
- *Schlaufen*

Vorbereitung

1. Schneiden Sie aus dem Leinenstoff ein 50 x 50cm großes Rechteck aus und tackern Sie es auf dem Rahmen fest.
2. Übertragen Sie das Motiv von Seite 37 auf den Stoff (siehe Seite 8).

Punchen

1. Stellen Sie die Nadel mit dem größten Öhr auf Kerbe 8.
2. Punchen Sie die Stiele auf der Vorderseite mit Plattstichen in Khaki und Blaugrau. Für die Umrandung mit khakifarbenem Garn zwei Reihen Plattstiche punchen.
3. Die Blätter ebenfalls auf der Vorderseite mit Geradstichen in den Farben Khaki und Blaugrau punchen.
4. Für die Tupfen punchen Sie auf der Vorderseite zuerst eine Umrandung aus je einer Reihe Plattstiche mit kirschfarbenem Garn. Dann wenden Sie die Arbeit und füllen von der Rückseite aus jeden Tupfen mit Schlaufen.

Letzte Handgriffe

1. Lösen Sie den Stoff vom Rahmen. Schneiden Sie ihn 8cm von der Stoffkante entfernt ab, sodass Sie ein 42 x 42cm großes Rechteck erhalten.
2. Mit einem Bügelvlies die Stickerei auf der Rückseite sichern.
3. Für die Rückseite des Kissens schneiden Sie ein zweites 42 x 42cm großes Rechteck aus dem Leinenstoff aus.
4. Stecken Sie die gepunchte Seite und die Rückseite des Kissens rechts auf rechts zusammen und nähen Sie alle vier Seiten 1cm von der Stoffkante entfernt zusammen, dabei ca. 20cm offen lassen.
5. Drehen Sie die Kissenhülle auf rechts, beziehen Sie das Kissen damit und schließen Sie dann die Öffnung mit Blindstichen.

TIPP

Sie könnten auch ein tropisches Motiv mit Monstera- oder Palmblättern in verschiedenen Grüntönen auf einem kontrastgrünen Hintergrund punchen.

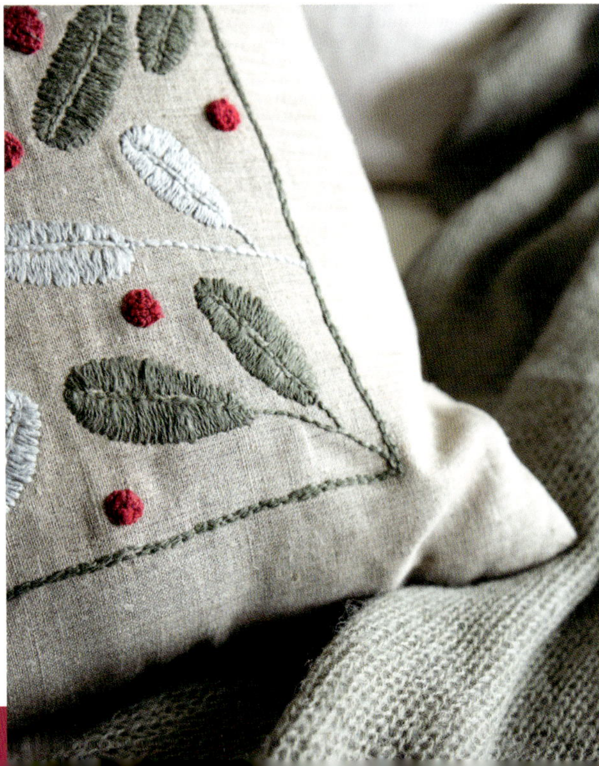

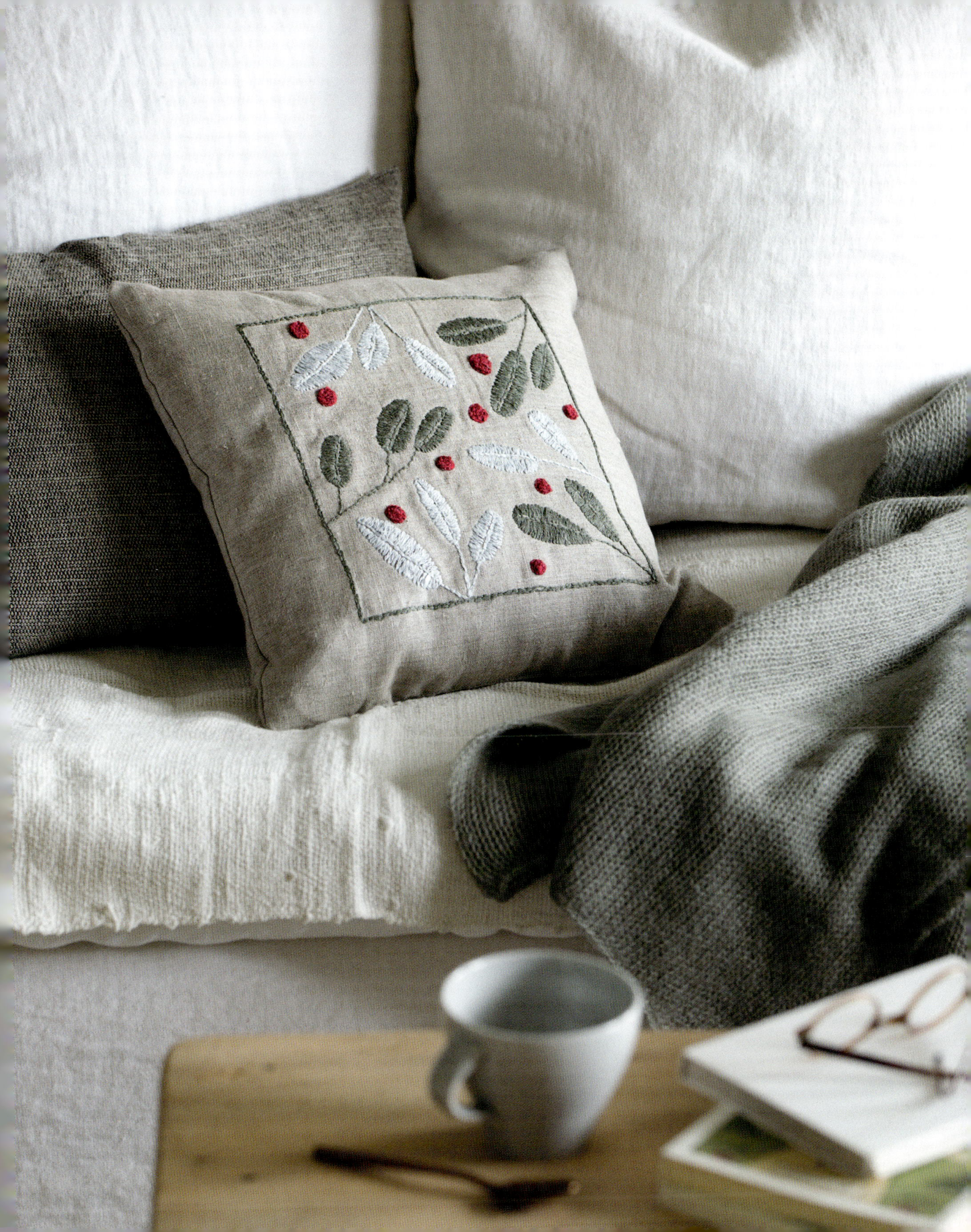

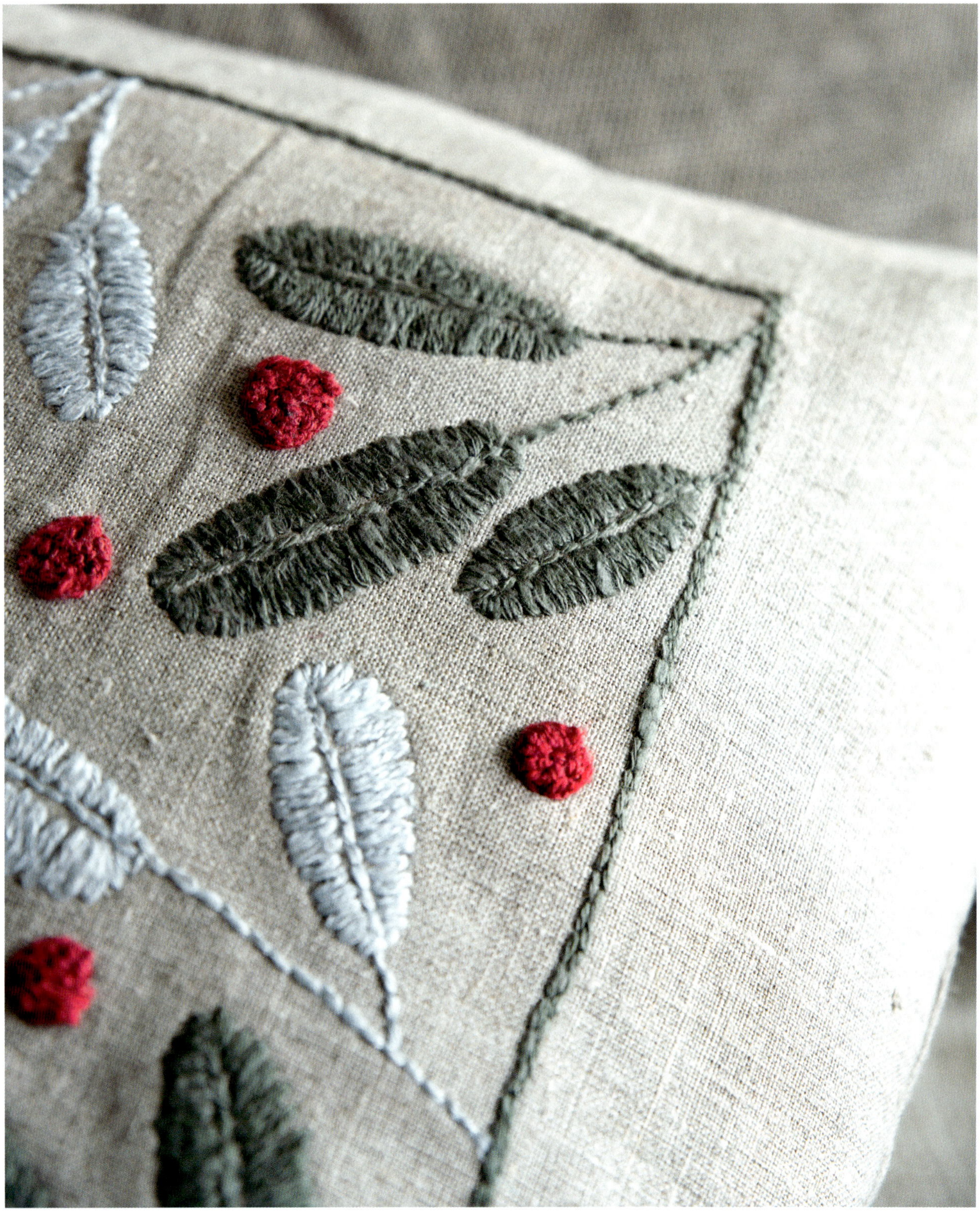

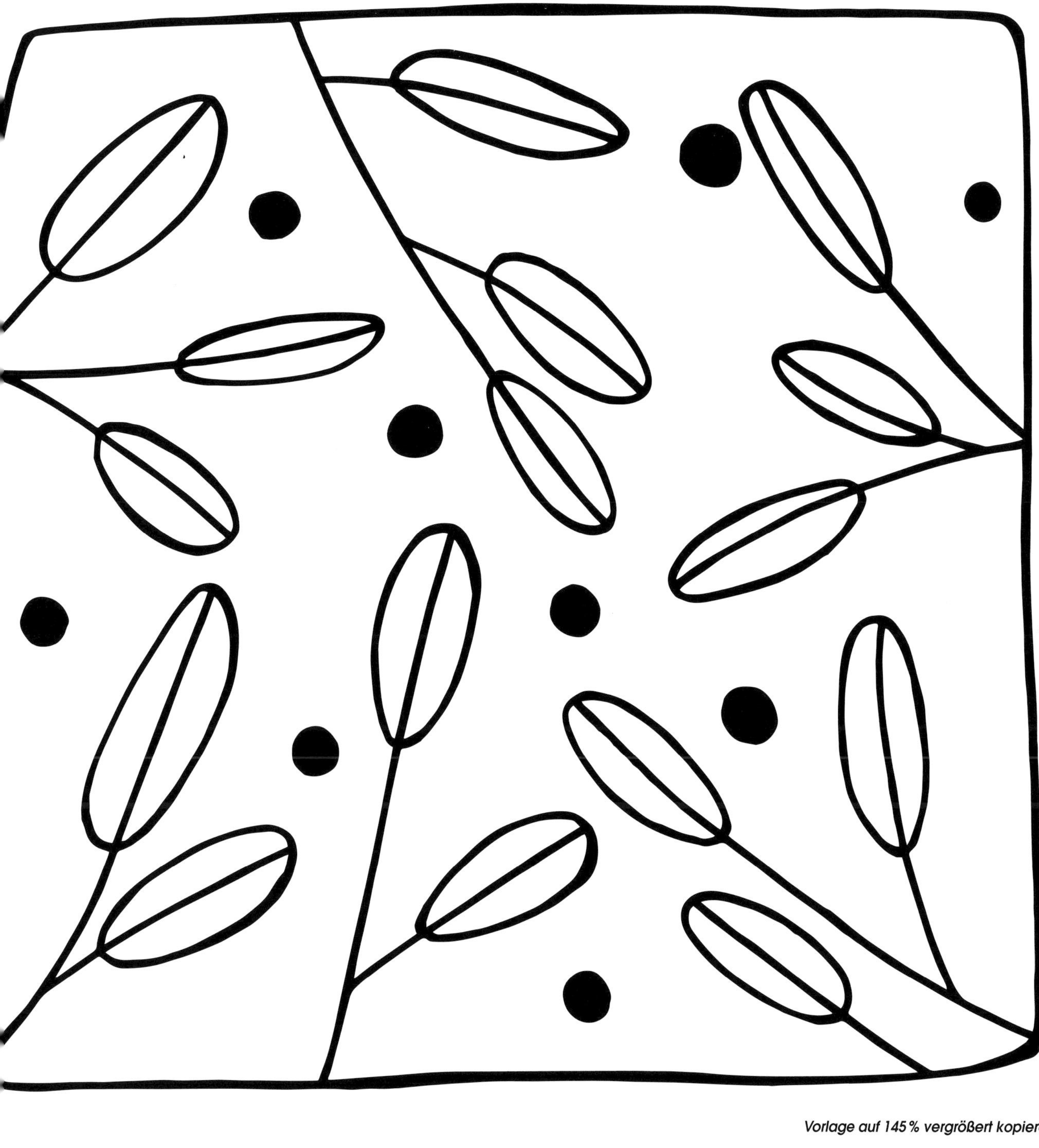

Vorlage auf 145 % vergrößert kopieren

KAKTUSKISSEN

WIR LIEBEN KAKTEEN – ABER NUR GANZ WEICHE!

MATERIAL UND WERKZEUG

- *1 Punch Needle für dickes Garn*
- *Hoooked Ribbon XL (100% recycelte Fasern, davon 80% Baumwolle, Lauflänge 250m/120g) in Grüntönen (1 Knäuel pro Kissen)*
- *1 selbst gemachter Spannrahmen oder 1 Keilrahmen, 50 x 50cm*
- *Jutestoff, 50 x 50cm*
- *Baumwollstoff (für die Kissenrückseite), 50 x 50cm*
- *Bügelvlies, ca. 50 x 50cm*
- *Fotokarton*
- *Nähmaschine*
- *Stecknadeln*
- *Schere*
- *Kissenfüllung*

Verwendeter Stich

- *Schlaufen*

Vorbereitung

1. Tackern Sie den Jutestoff auf den Rahmen. Um einen Rahmen selbst herzustellen, finden Sie eine Anleitung auf Seite 7.
2. Kopieren Sie die Vorlage von Seite 41 auf 200% vergrößert auf einen Fotokarton und schneiden Sie sie aus. Dann mit dem Kreidestift auf den Stoff übertragen.

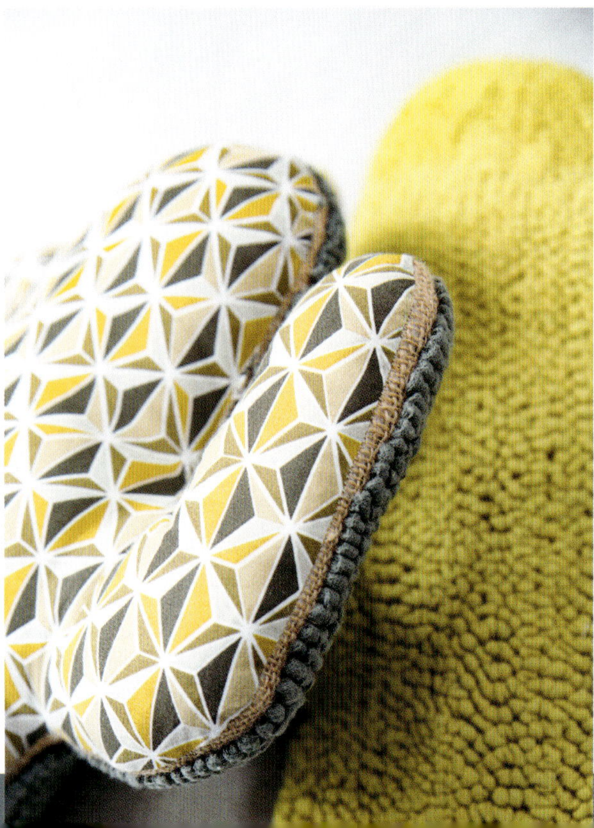

Punchen

1. Punchen Sie auf der Rückseite, nachdem Sie die Nadellänge auf Kerbe C (mittelgroße Schlaufen) gestellt haben.
2. Beginnen Sie mit dem Rand des Kaktus und arbeiten Sie zur Mitte hin.

Letzte Handgriffe

1. Die Klammern vom Rahmen entfernen. Das Kaktusmotiv mithilfe der Vorlage auf das Bügelvlies zeichnen. Schneiden Sie das Motiv mit einer Beschnittzugabe von 1,5cm aus. Das Bügelvlies auf die Rückseite des gepunchten Kaktus aufbügeln und den Jutestoff um das Bügelvlies herum abschneiden.
2. Zeichnen Sie die Kaktuskontur anhand der Vorlage auf den Stoff der Kissenrückseite und schneiden Sie das Motiv mit einer Beschnittzugabe von 1,5cm aus. Die Stoffkanten mit Zickzackstich versäubern.
3. Stecken Sie den gepunchten Kaktus rechts auf rechts auf dem Stoff der Kissenrückseite fest und nähen Sie die Stoffe an den Kanten zusammen. Am Fuß des Kaktus eine Öffnung lassen, durch die Sie die Kissenhülle auf rechts drehen können.
4. Schneiden Sie die Nahtzugabe an den Rundungen und Ecken mit der Schere etwas ein. Dann die Kissenhülle auf rechts drehen, das Kissen füllen und die Öffnung mit Blindstichen schließen.

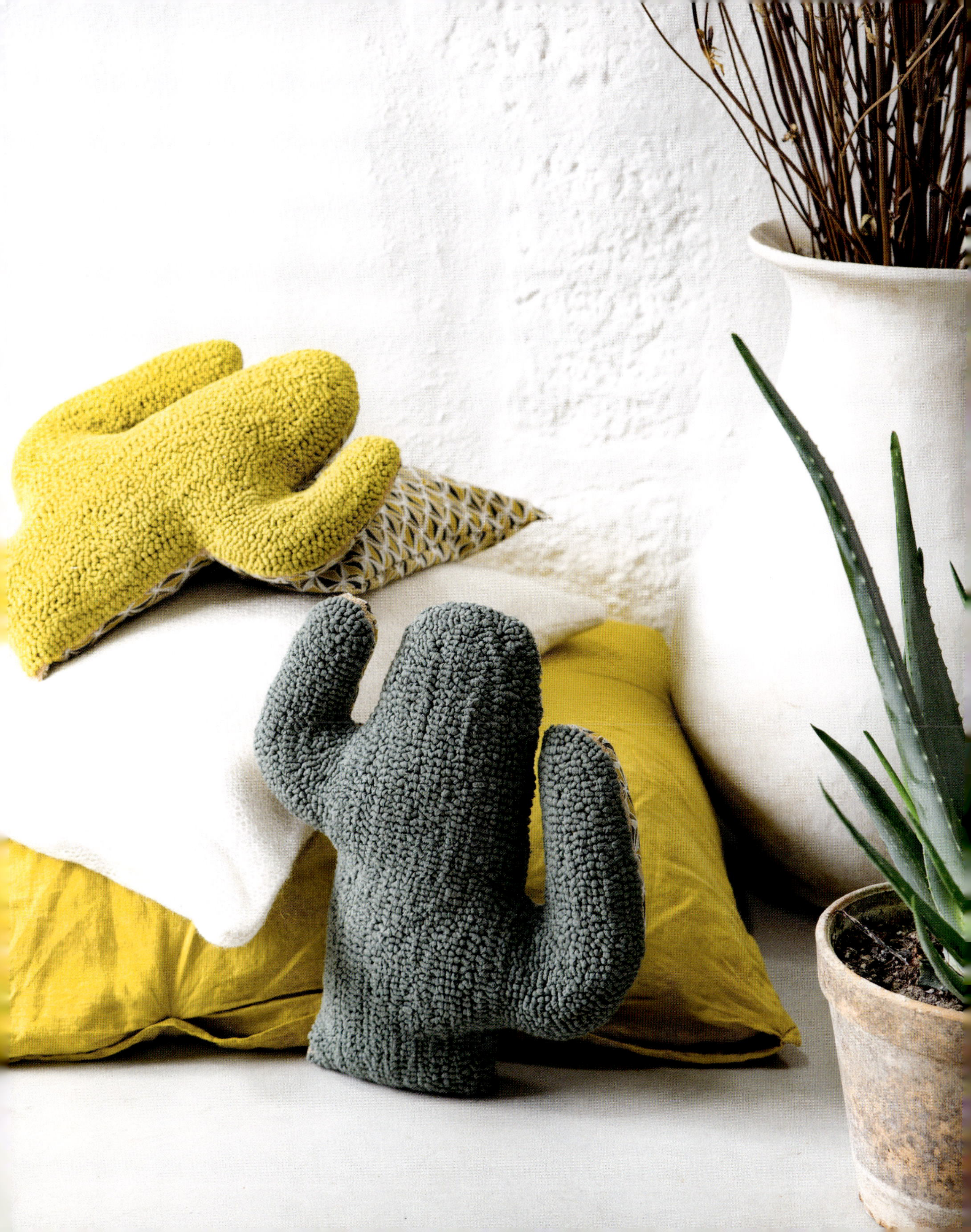

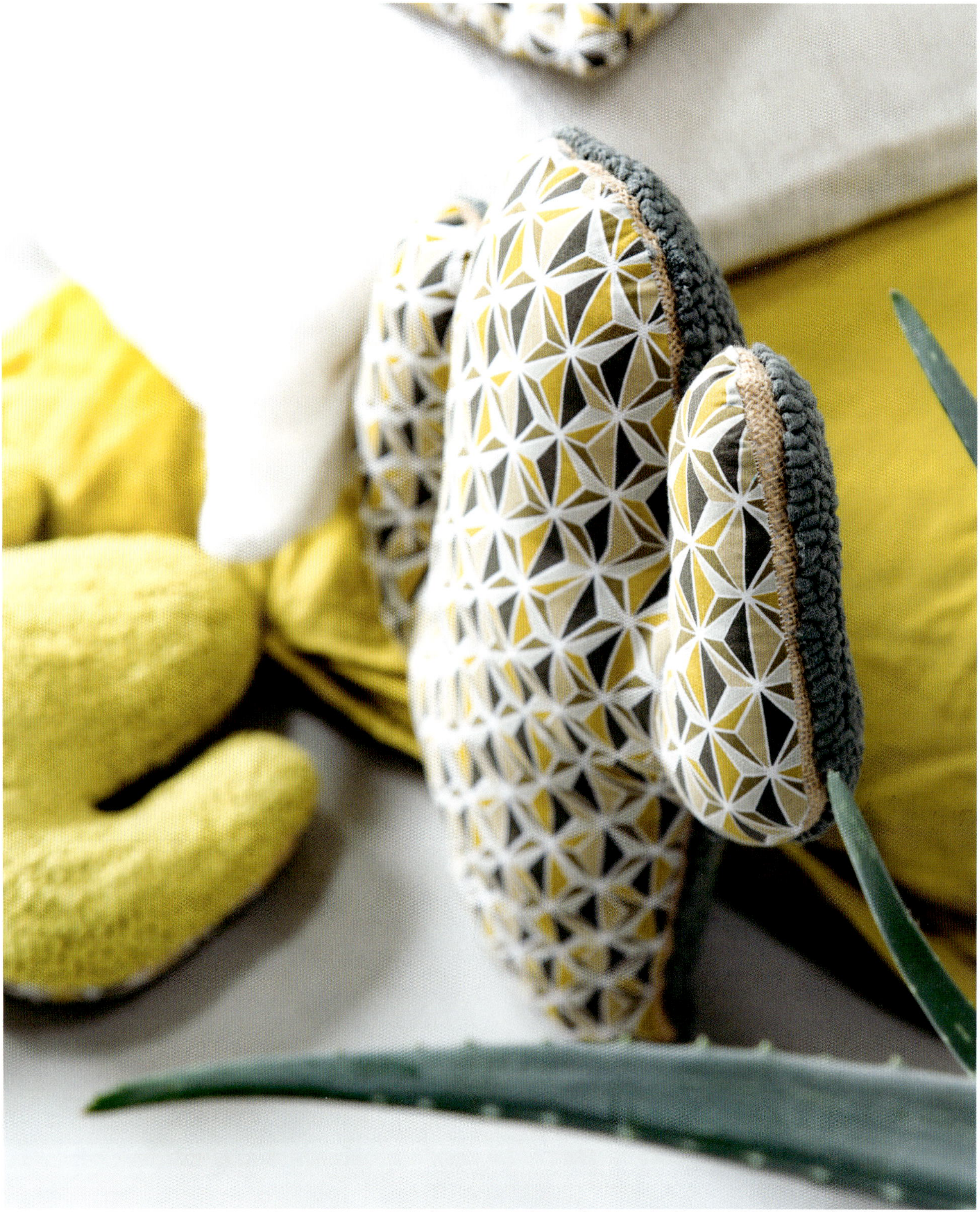

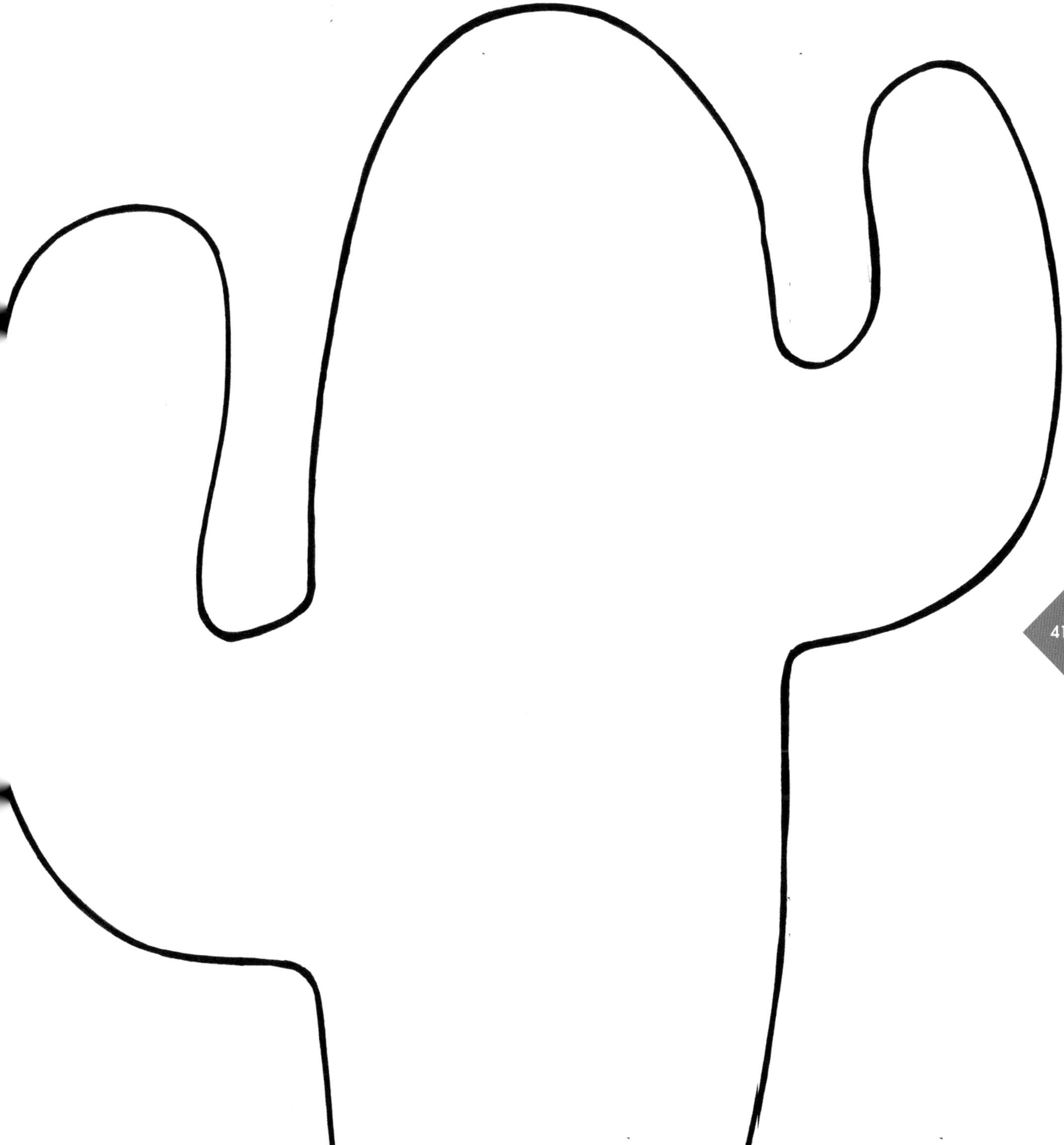

Vorlage auf 200 % vergrößert kopieren

ANHÄNGER IM FISCHGRÄTMUSTER

DIESES SCHMUCKSTÜCK VERLEIHT IHNEN DEN GEWISSEN BOHO-CHIC.

MATERIAL UND WERKZEUG

- *1 Punch Needle für dünnes Garn*
- *6-fädiges Stickgarn, 2 Stränge Kupfer, je 1 Strang Marineblau, Rosa und Naturweiß*
- *1 Stickrahmen, Ø 12 cm*
- *Aida-Stoff 7,1 Loch/cm, 15 x 15 cm*
- *1 Kupferkette, 70 cm*
- *1 kupferfarbener, halbrunder Clip, 28 x 15 mm*
- *3 kupferfarbene, dreieckige Anhänger, 12 x 22 mm*
- *4 Ringel (Spaltring), offen, Ø 4 mm und 1 Ringel, offen, Ø 6*
- *Textilkleber*
- *Zange für Schmuckherstellung*

Verwendeter Stich

- *Schlaufen*

Vorbereitung

1. Spannen Sie den Stoff in den Stickrahmen ein.
2. Übertragen Sie das unten stehende Motiv auf den Stoff (siehe Seite 8).
3. Schneiden Sie für die erste Nadel ca. 100 cm Stickgarn ab. Fädeln Sie während des Punchens nach und nach weiteres Garn in die Nadel.

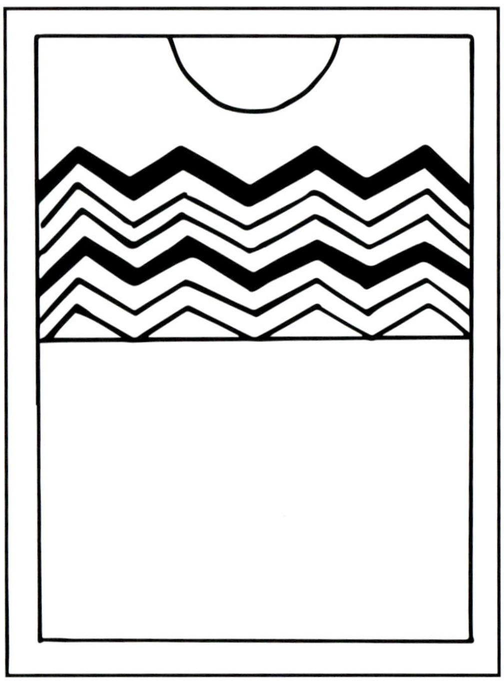

Vorlage in Orginalgröße

Punchen

1. Punchen Sie auf der Rückseite, nachdem Sie die Länge der Nadel mit dem mittelgroßen Öhr auf Kerbe 6 (mittelgroße Schlaufen) eingestellt haben.
2. Punchen Sie zuerst die Reihen mit marineblauem Garn, dann die Reihen mit rosafarbenem und naturweißem Garn und zuletzt die Reihe mit kupferfarbenem Garn. Anschließend punchen Sie die restliche Fläche in Kupfer.

Letzte Handgriffe

1. Lösen Sie das Arbeitsstück aus dem Rahmen. Schneiden Sie den Stoff mit einer Zugabe von 1 cm um das Motiv herum ab, um ein 8 x 10 cm großes Rechteck zu erhalten.
2. Schlagen Sie die Stoffkanten des Rechtecks 1 cm nach hinten um und kleben Sie sie auf der Rückseite fest.
3. Die unbestickte Stofffläche auf die Rückseite der bestickten Fläche umschlagen und festkleben. Nun sieht die Rückseite des Anhängers sauber aus und die Stickerei ist fixiert. Für einen besseren Halt können Sie das Ganze noch mit einigen Stichen mit kupferfarbenem Garn vernähen.
4. Verbinden Sie die beiden Enden der Kette mit einem kleinen Ringel und schließen Sie diesen mit der Zange. Klemmen Sie die obere Seite des Anhängers in den halbrunden Clip. Den großen Ringel am Clip befestigen und mit der Zange schließen. Die Kette durchziehen.
5. Ziehen Sie am unteren Rand des Anhängers drei kleine Ringel durch die Löcher des Aida-Stoffs, stecken Sie durch jeden Ringel einen dreieckigen Anhänger und schließen Sie sie mit der Zange.

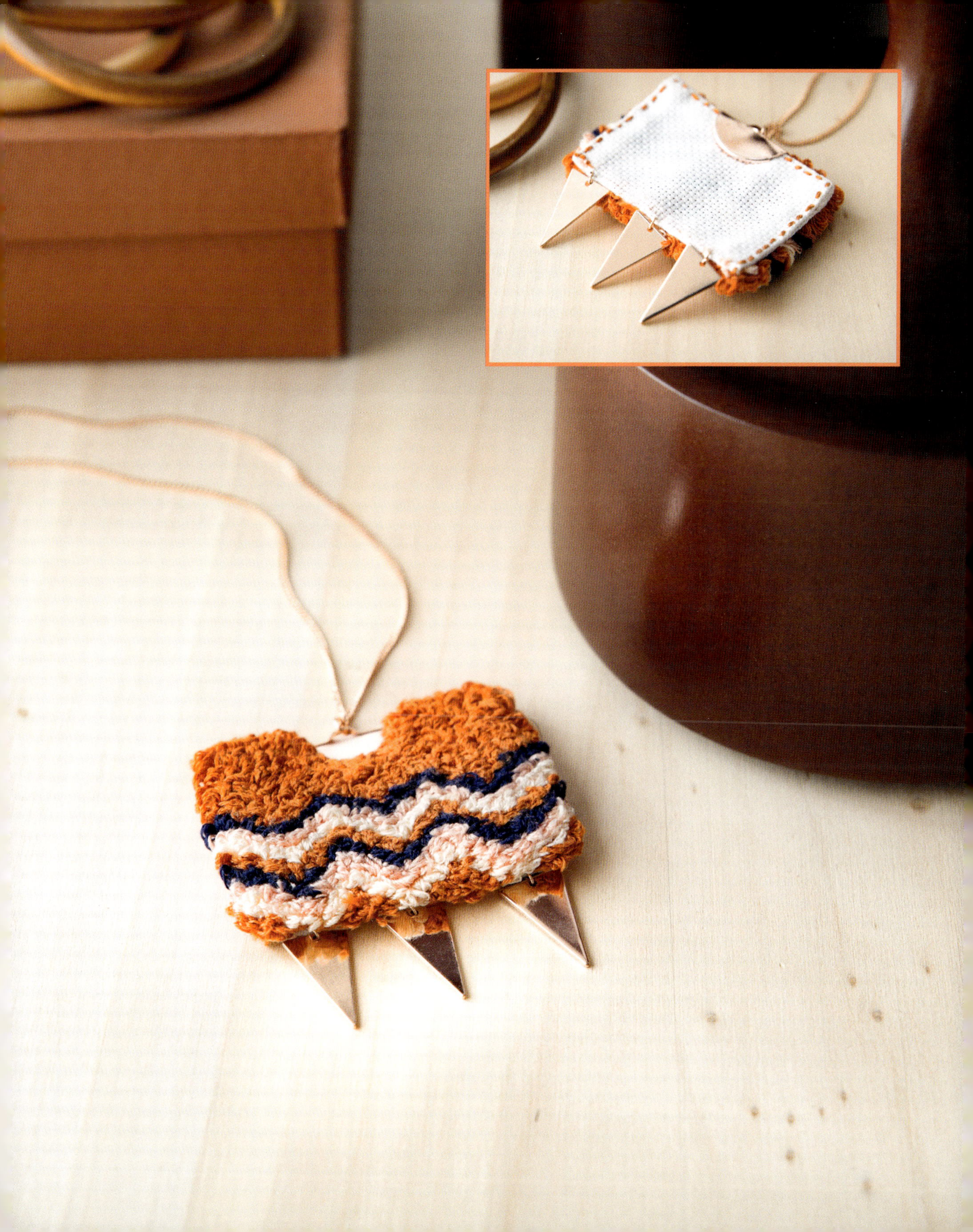

GOLDIGE ARMREIFEN

TRAGEN SIE EINEN ARMREIF FÜR EINEN MINIMALISTISCHEN LOOK ... ODER GLEICH MEHRERE FÜR DEN XXL-TREND.

MATERIAL UND WERKZEUG

- *1 Punch Needle für dünnes Garn*
- *6-fädiges Stickgarn, 2 Stränge Grau, 3 Stränge Gold*
- *Stickrahmen, Ø 25 cm*
- *Aida-Stoff 7,1 Loch/cm, 30 x 30 cm*
- *3 offene Armreifmanschetten*
- *Textilkleber*

Verwendete Stiche

- *Schlaufen*

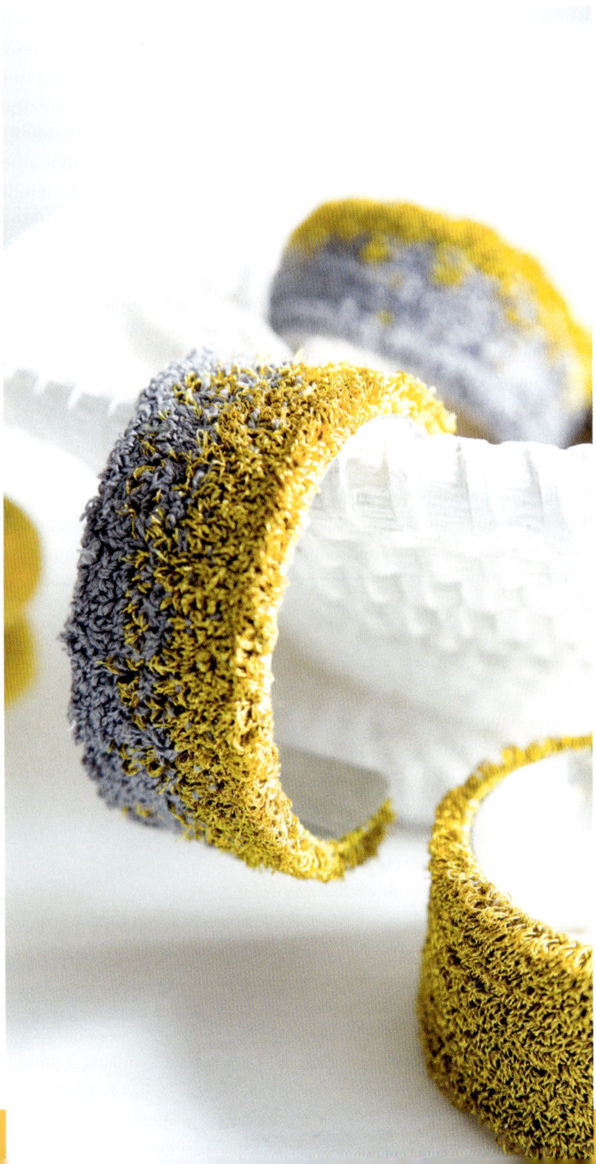

Vorbereitung

1. Zeichnen Sie in der Mitte des Stoffs mit Kreidestift drei jeweils 16 x 3,5 cm große Rechtecke in einem Abstand von je 2 cm zueinander auf.
2. Spannen Sie den Stoff in den Stickrahmen ein.
3. Schneiden Sie 100 cm Garn ab und teilen Sie es in je drei Fäden. Alle weiteren während des Punchens benötigten Garnstücke werden ebenfalls geteilt.

Punchen

1. Punchen Sie auf der Rückseite, nachdem Sie die Länge der Nadel mit dem kleinsten Öhr auf Kerbe 7 (mittelgroße Schlaufen) gestellt haben.
2. Beginnen Sie mit dem mittleren Rechteck und punchen dieses komplett mit goldfarbenem Garn.
3. Punchen Sie dann die beiden anderen Rechtecke. Füllen Sie jeweils den ersten Zentimeter ganz in Gold und arbeiten Sie beim zweiten Zentimeter goldfarbene Tupfer ein.
4. Zum Schluss punchen Sie die restlichen Flächen in Grau.

Letzte Handgriffe

1. Schneiden Sie jedes Rechteck mit einer Beschnittzugabe von 1 cm aus, schlagen Sie diese Ränder auf die Rückseite um und kleben Sie sie fest.
2. Jedes Rechteck mit Textilkleber bestreichen und auf die Armreifmanschetten kleben.

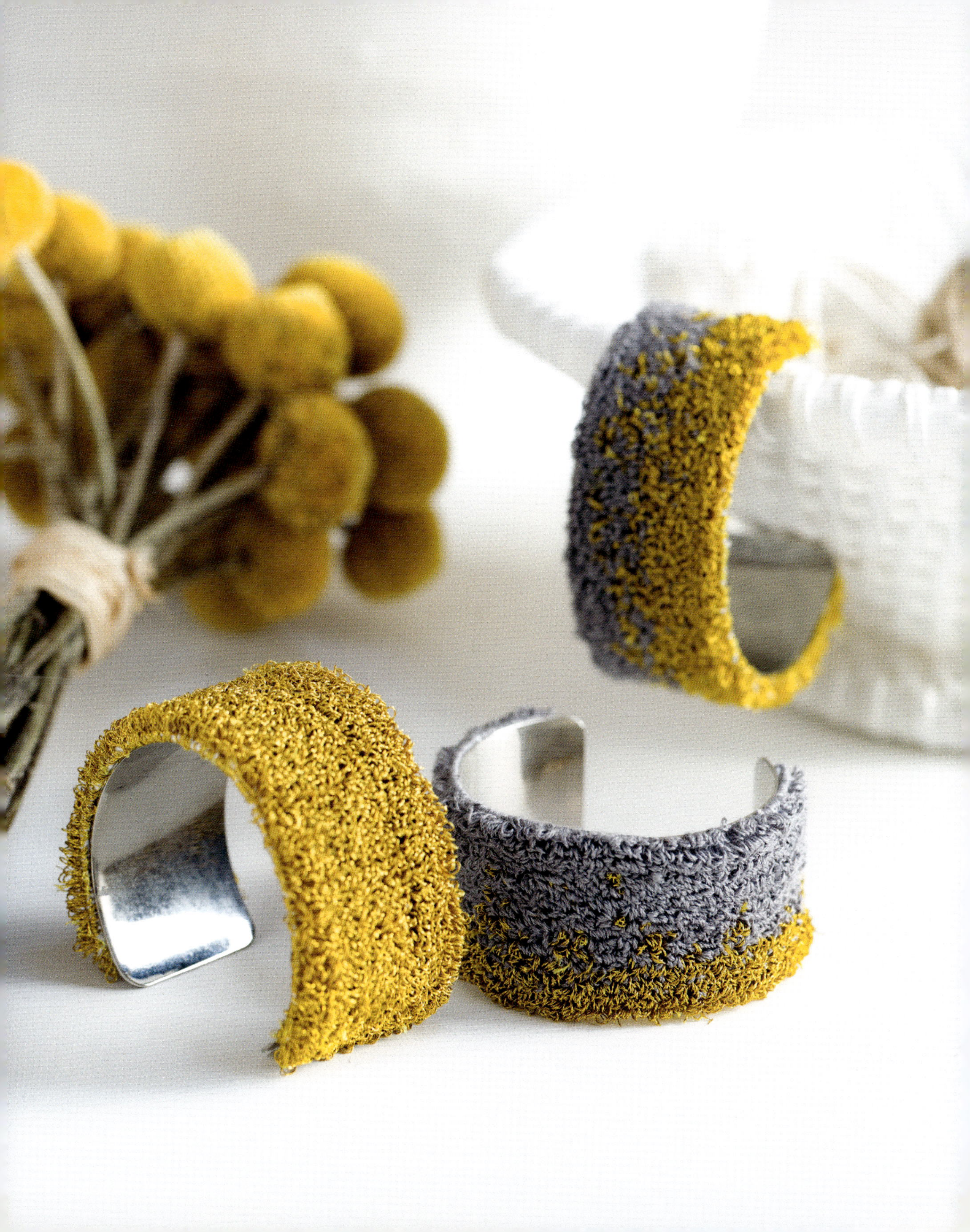

TIGER-TÄSCHCHEN

VOM TIGER BEWACHT, SIND DIE KOSTBAREN SCHÄTZE BESTENS AUFGEHOBEN. KINDER WERDEN BEGEISTERT SEIN!

MATERIAL UND WERKZEUG

- *1 Punch Needle für dünnes Garn*
- *DMC Woolly (100% Merinowolle, Lauflänge ca. 125m/50g) in Schwarz, Braun und Zartrosa*
- *Aida-Stoff 4,4 Loch/cm, 25 x 25cm*
- *1 Keilrahmen, 25 x 25cm*
- *Leinenstoff für die Rückseite und als Innenfutter, 3x 25 x 25cm*
- *Bügelvlies, 2x 25 x 25cm*
- *Kordel, 330cm lang*
- *1 Druckknopf zum Aufnähen*
- *Schere*
- *Tacker*

Verwendete Stiche

- *Schlaufen*
- *Felloptik*

Vorbereitung

1. Tackern Sie den Aida-Stoff auf den Rahmen.
2. Übertragen Sie das Motiv von Seite 62 auf den Stoff (siehe Seite 8).

Punchen

1. Stellen Sie die Länge der Nadel mit dem größten Öhr auf Kerbe 4 (kleine Schlaufen). Punchen Sie die Augen, die Schnauze und die Barthaare mit schwarzer Wolle auf der Rückseite.
2. Punchen Sie mit der gleichen Nadellänge die Mitte in Zartrosa.
3. Stellen Sie dann die Nadellänge auf Kerbe 10 (große Schlaufen) und punchen Sie in Braun.
4. Lösen Sie den Stoff vom Rahmen und sichern Sie die Stickerei mit Bügelvlies auf der Rückseite. Zum Schluss schneiden Sie auf der Vorderseite alle braunen Schlaufen mit einer Schere auf, um einen Felleffekt zu erzielen.

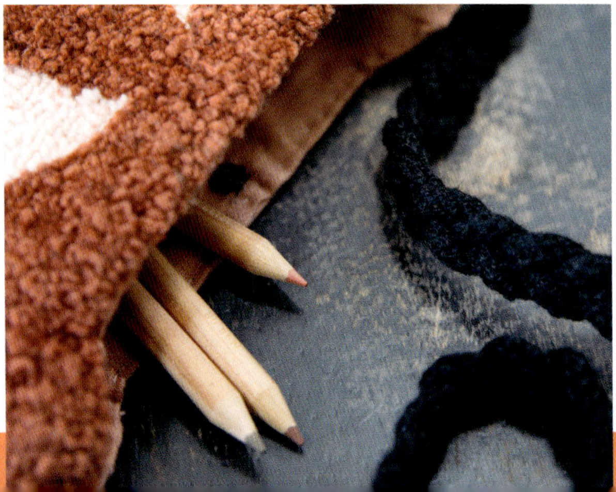

Letzte Handgriffe

1. Schneiden Sie den Stoff mit einer Randzugabe von 1 cm ab. Verwenden Sie dieses Stück als Vorlage, um noch 3x die gleiche Form für die Rückseite der Tasche und das Futter zuzuschneiden.
2. Stecken Sie die gepunchte Seite und die Rückseite der Tasche rechts auf rechts zusammen. Beginnen Sie in der Mitte eines Ohrs und und schließen Sie die Tasche 1 cm vom Stoffrand entfernt bis zur Mitte des anderen Ohrs mit einer Naht. Schneiden Sie die Nahtzugabe an den Rundungen und Ecken mit der Schere etwas ein und drehen Sie die Tasche auf rechts.
3. Stecken Sie die zwei Teile des Futterstoffs rechts auf rechts zusammen. Schließen Sie diese 1,5cm vom Stoffrand entfernt von der Mitte eines Ohrs bis zur Mitte des anderen Ohrs mit einer Naht.
4. Stellen Sie eine Kordel her, indem Sie drei jeweils 110cm lange Fäden abschneiden, diese an einem Ende verknoten, dann über die die ganze Länge flechten und am anderen Ende wieder verknoten.
5. Schieben Sie das Futter in die Tasche. Befestigen Sie die Knoten der Kordel in den Ohren.
6. Legen Sie die obere Seite der Tasche und des Futterstoffs Kante auf Kante und nähen Sie diese von Hand zusammen. Dabei nähen Sie auch die Kordel an den Ohren fest.
7. Zum Schluss nähen Sie den Druckknopf mittig auf der Innenseite der Taschenöffnung an.

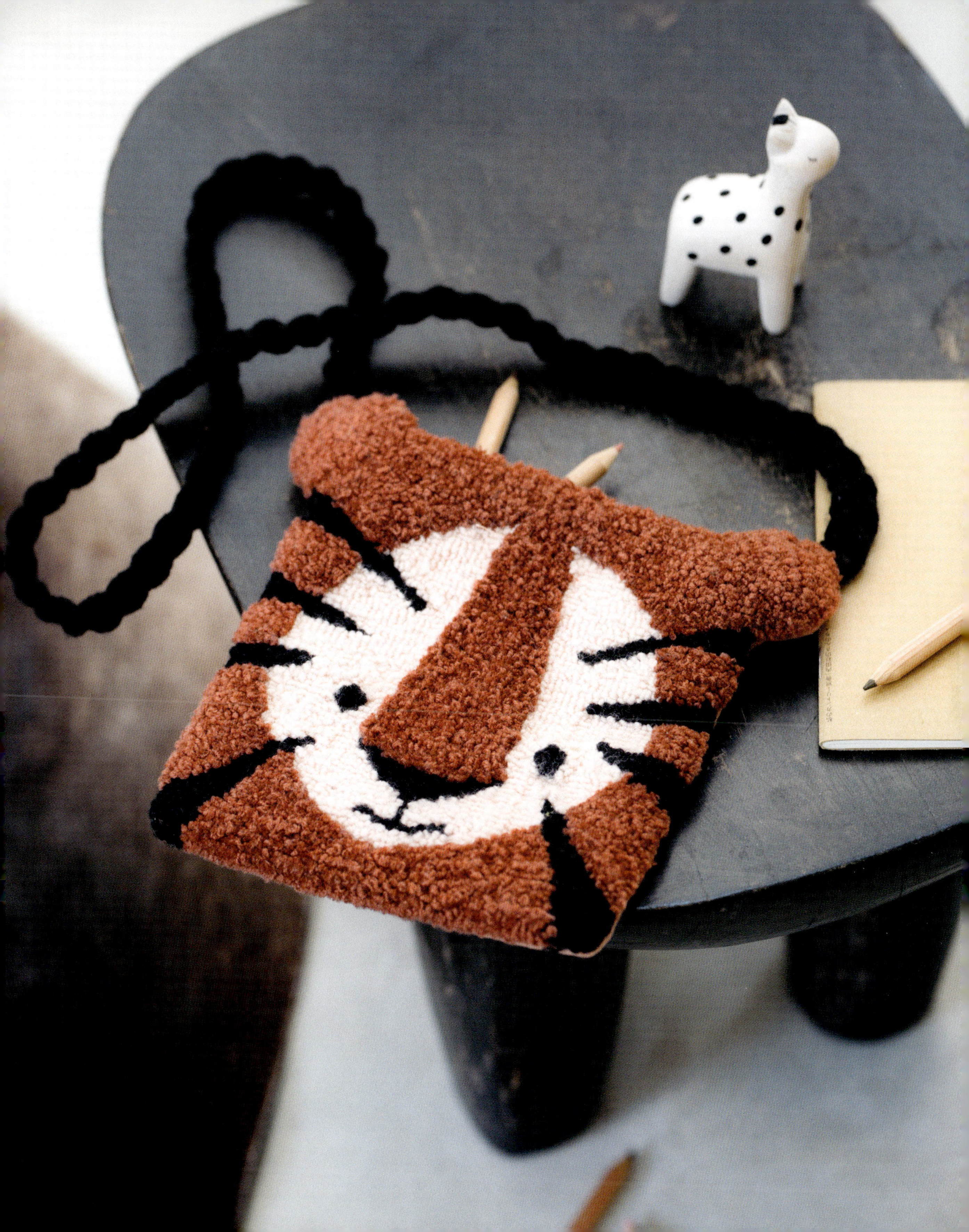

UTENSILO MIT TUPFEN

EIN HÜBSCHES KÖRBCHEN FÜR DEN KLEINEN UND GROSSEN KRIMSKRAMS.

MATERIAL UND WERKZEUG

- *1 Punch Needle für dickes Garn*
- *DMC Natura XL (100% Baumwolle, Lauflänge ca. 75 m/100 g) in Schwarz, Elfenbein, Lagunenblau, Dunkelgrün und Salatgrün (1 Knäuel pro Farbe)*
- *Jutestoff, 50 x 50 cm*
- *1 Spannrahmen (oder ein unbespannter Keilrahmen), 50 x 50 cm*
- *Baumwollstoff (für das Innenfutter), 50 x 50 cm*
- *Bügelvlies, 50 x 18 cm*
- *Zirkel*

Verwendeter Stich

- *Schlaufen*

Vorbereitung

1. Tackern Sie den Stoff auf den Rahmen.
2. Übertragen Sie die Vorlage von Seite 62 auf den Stoff (siehe Seite 8).

Punchen

1. Stellen Sie die Nadellänge auf Kerbe C (mittelgroße Schlaufen) und punchen Sie auf der Rückseite.
2. Beginnen Sie mit den schwarzen Kreisen.
3. Dann füllen Sie die Tupfen farbig.
4. Zum Schluss punchen Sie den Hintergrund in Salatgrün.

Letzte Handgriffe

1. Lösen Sie den Stoff vom Rahmen. Schneiden Sie dann die Stickerei mit einer Beschnittzugabe von 1,5 cm aus dem Stoff aus und sichern Sie sie mit einem Bügelvlies auf der Stoffrückseite.
2. Falten Sie die Stickerei mittig rechts auf rechts und nähen Sie sie anschließend 1,5 cm vom Stoffrand entfernt in der Breite zusammen.
3. Schneiden Sie ein 50 x 18 cm großes Rechteck aus dem Stoff aus. Legen Sie es in der Breite rechts auf rechts mittig zusammen und schließen Sie es 1,5 cm vom Stoffrand entfernt mit einer Naht.
4. Zeichnen Sie mit einem Zirkel zwei Kreise mit einem Durchmesser von je 18 cm auf den Stoff und schneiden Sie sie aus. Verwenden Sie diese als Boden und Futter für das Utensilo.
5. Stecken Sie einen Stoffkreis rechts auf rechts am unteren Rand des gepunchten Rechtecks fest. Nähen Sie diesen 1,5 cm von der Stoffkante entfernt fest und wenden Sie das Ganze.
6. Den anderen Stoffkreis stecken Sie ebenfalls rechts auf rechts am unteren Rand des nicht gepunchten Rechtecks fest und nähen ihn 1,5 cm von der Stoffkante entfernt an.
7. Legen Sie das Futter in das Utensilo. Schlagen Sie die Außenseite und das Futter jeweils 1,5 cm nach innen gegeneinander ein und nähen Sie sie an der Oberseite mit Blindstichen zusammen.

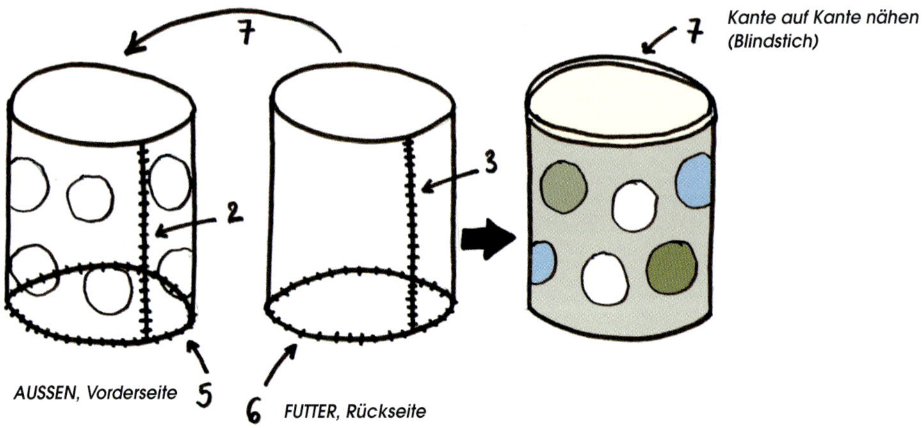

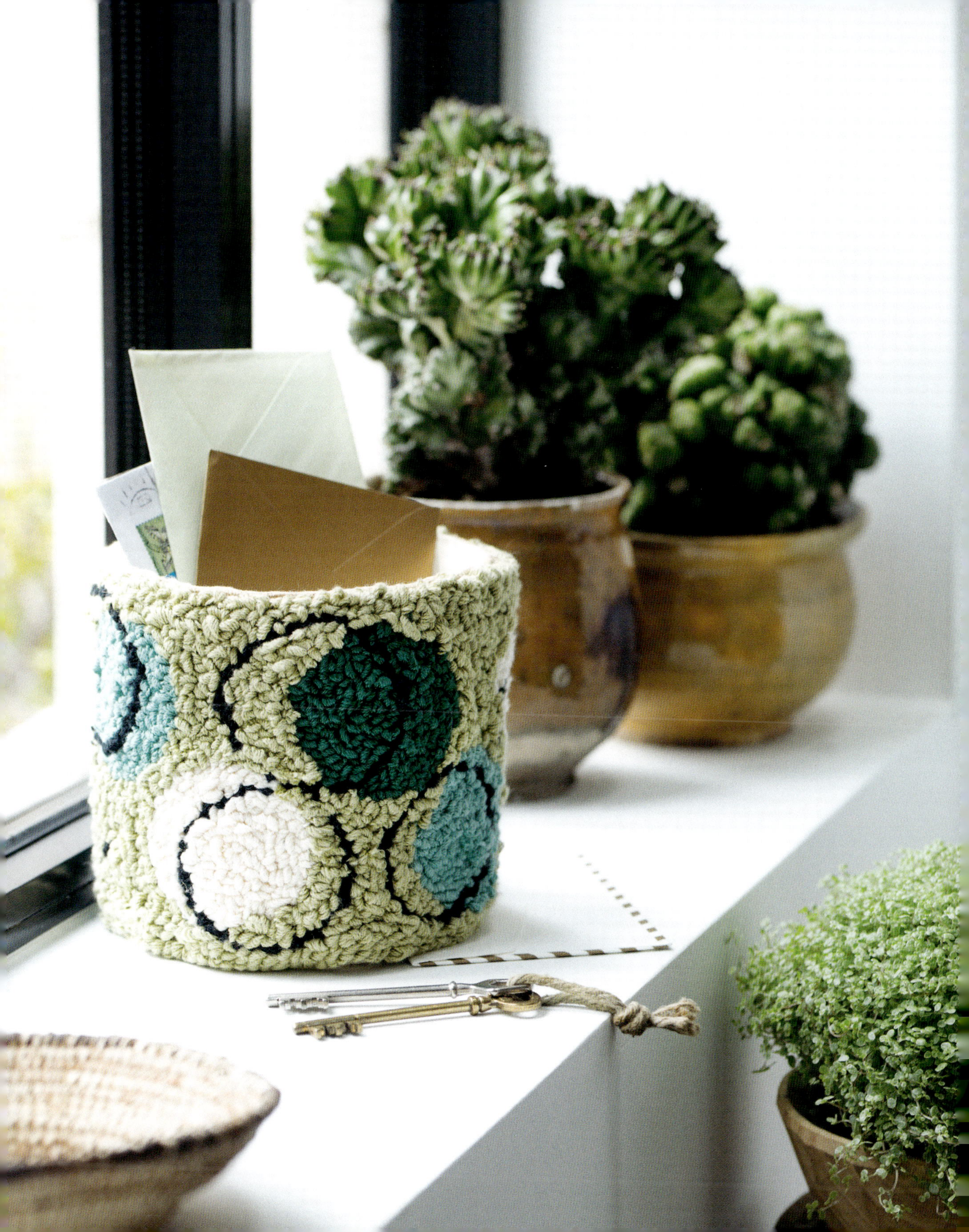

KAKEMONO

EINE VOM TRADITIONELLEN ASIATISCHEN KAKEMONO INSPIRIERTE WANDDEKORATION.

MATERIAL UND WERKZEUG

- *1 Punch Needle für dickes Garn*
- *DMC Natura Denim (100 % Baumwolle, Lauflänge 75 m/50 g) in Hell- und Dunkelblau (1 Knäuel pro Farbe)*
- *DMC Natura Medium (100 % Baumwolle, Lauflänge 75 m/50 g) in Rot, Schwarz und Weiß (1 Knäuel pro Farbe)*
- *Aida-Stoff 2,4 Loch/cm, 34 x 48 cm*
- *1 Stück Waxprint-Stoff (der als Garn verwendet wird)*
- *1 Stickrahmen, Ø 25 cm*
- *4 flache Holzleisten, 31 x 2 x 0,5 cm*
- *1 rotes Band, 25 cm lang*
- *Heißklebepistole*

Verwendeter Stich

- *Schlaufen unterschiedlicher Länge*

Vorbereitung

1. Die Vorlage von Seite 53 auf 120 % vergrößert kopieren und dann mit dem Kreidestift auf den Stoff übertragen (siehe Seite 8).
2. Spannen Sie den Stoff in den Stickrahmen ein.
3. Schneiden Sie den Waxprint-Stoff in 5 mm schmale Streifen.
4. Es wird mit zwei Fäden gleichzeitig gearbeitet. Dazu nehmen Sie die beiden Fadenenden des Knäuels und punchen mit beiden Fäden als wäre es einer.

Punchen

1. Auf der Rückseite punchen.
2. Stellen Sie die Nadellänge auf Kerbe C (mittelgroße Schlaufen). Punchen Sie die hellblauen, dunkelblauen, roten und weißen Flächen.
3. Stellen Sie die Nadellänge auf Kerbe B (mittelgroße Schlaufen) und punchen Sie die schwarzen Flächen.
4. Dann stellen Sie die Nadellänge auf Kerbe A (große Schlaufen) und punchen den verbleibenden Kreis mit den Stoffstreifen.

Letzte Handgriffe

1. Für den Saum schlagen Sie die Stoffränder an den beiden Seiten des Stoffs zweimal jeweils 1 cm um. Der Saum kann genäht oder verklebt werden.
2. Machen Sie an beiden Enden des Bands einen Knoten. Tragen Sie Klebstoff auf eine der Holzleisten auf und platzieren Sie darauf das Band so, dass die Knoten nach unten überhängen. Dann legen Sie den Stoff auf die Holzleiste. Bestreichen Sie eine weitere Holzleiste mit Klebstoff und setzen Sie diese so auf die erste Leiste, dass der Stoff dazwischenliegt.
3. Am unteren Ende verfahren Sie genauso.

TIPP

Wählen Sie einen Stoff, bei dem das Druckmuster auch auf der Rückseite sichtbar ist (z. B. Liberty Stoffe), da sowohl die Rückseite als auch die Vorderseite der gepunchten Bändchen zu sehen ist.

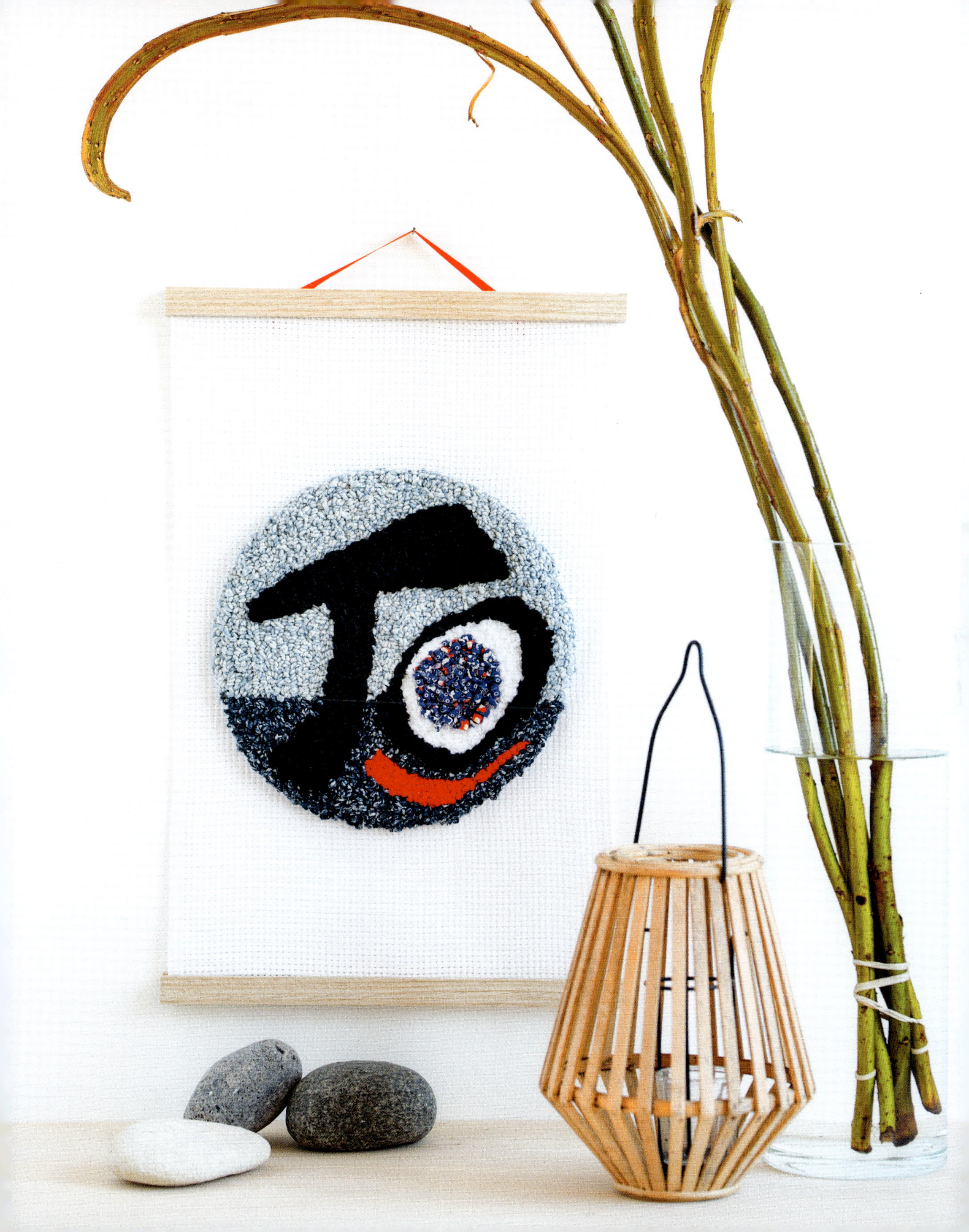

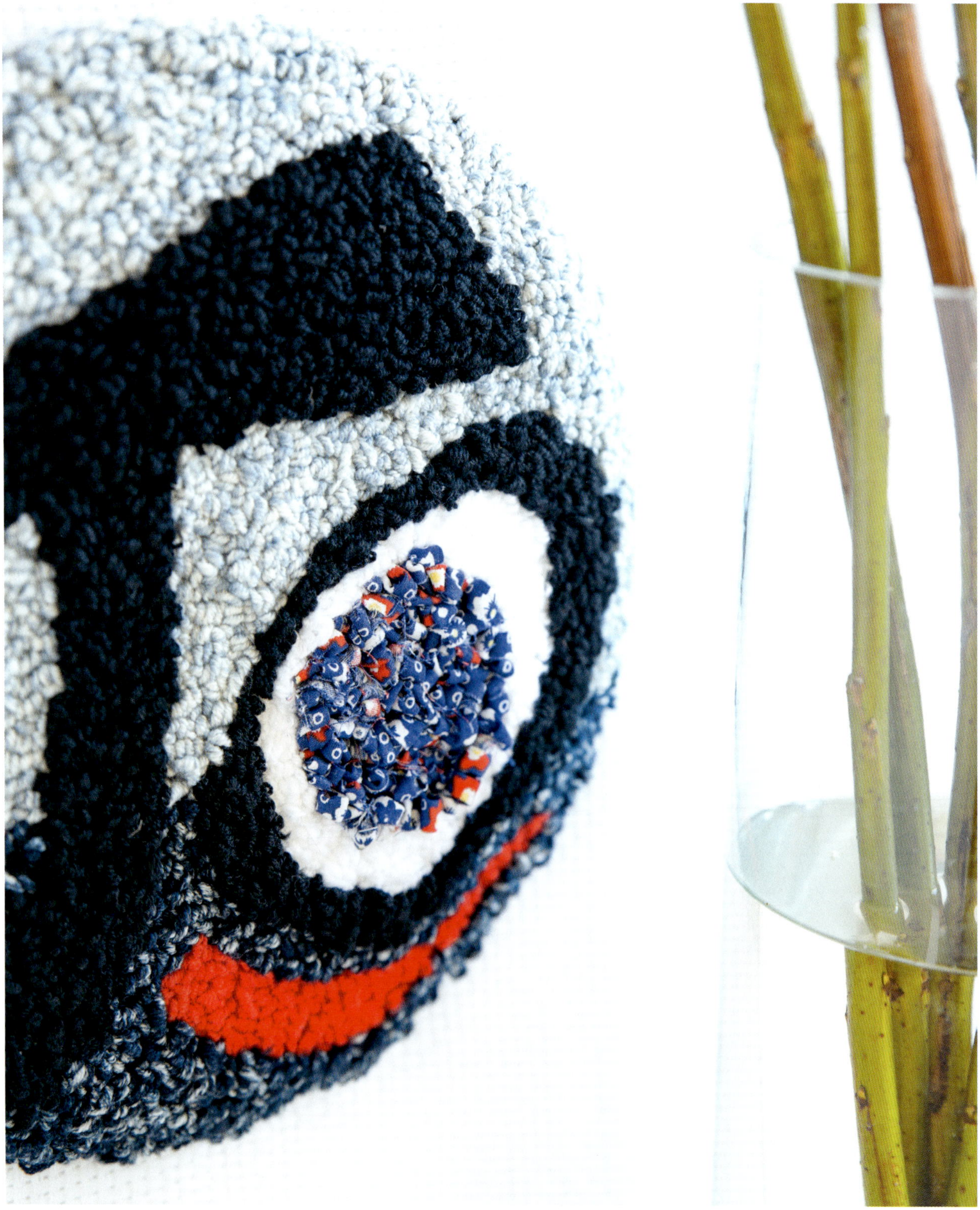

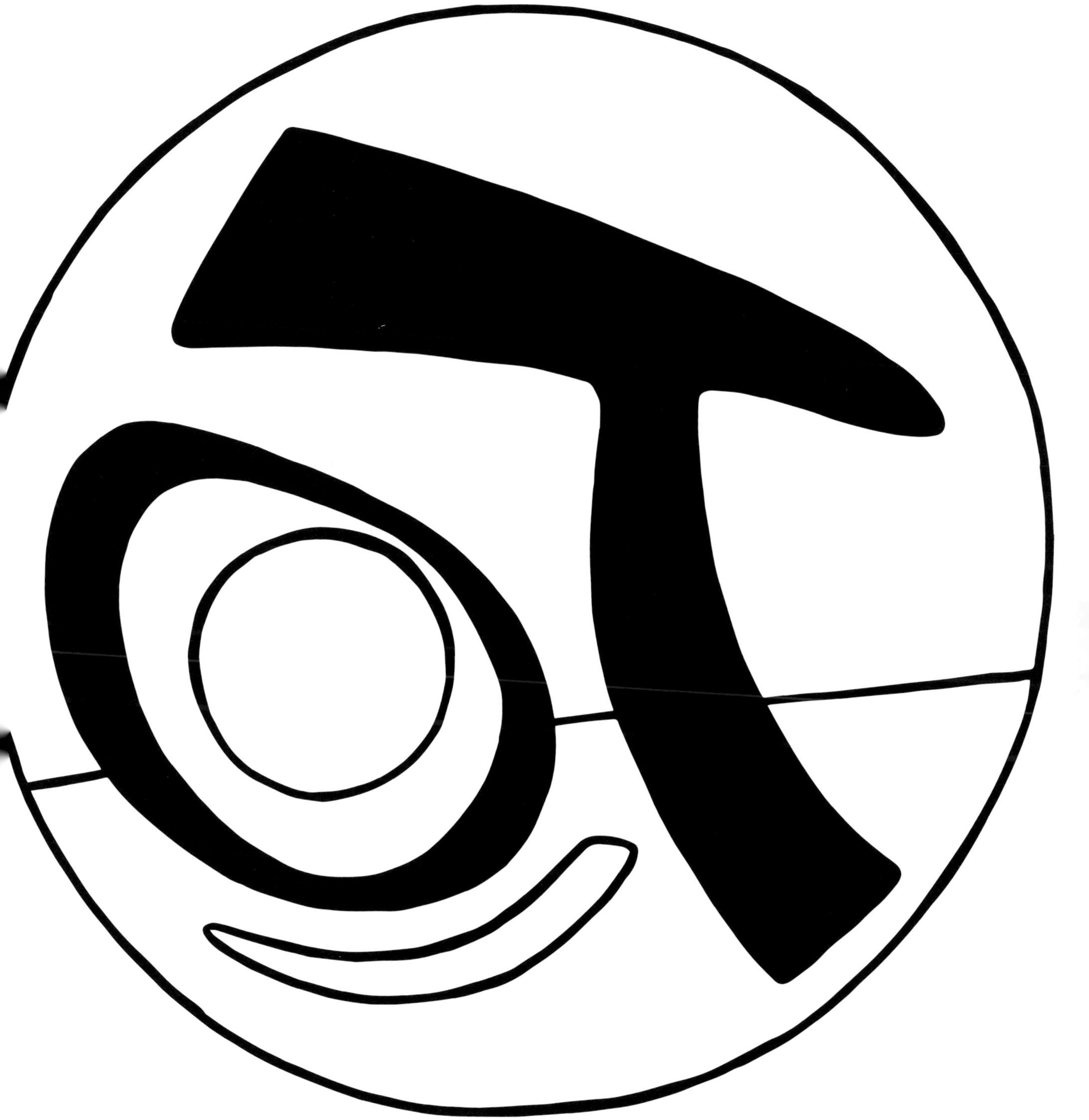

Vorlage auf 120 % vergrößert kopieren

GEOMETRISCHER TEPPICH

RAUTEN UND DREIECKE IN VERBINDUNG MIT EINEM RELIEFARTIGEN LOOK UND FARBENSPIEL MACHEN EINEN GESTREIFTEN TEPPICH ZU EINEM INDIVIDUELLEN EINZELSTÜCK.

MATERIAL UND WERKZEUG

- *1 gewebter Baumwollteppich, 55 x 85 cm*
- *1 Punch Needle für dickes Garn*
- *DMC Natura XL (100% Baumwolle, Lauflänge ca. 75 m/100 g) in Rosa, Ecru, Gelb und Blau (1 Knäuel pro Farbe)*
- *1 Stickrahmen, mindestens Ø 25 cm)*
- *Teppichgleitschutz, 55 x 85 cm*
- *Textilkleber*

Verwendeter Stich

- *Schlaufen*

Vorbereitung

1. Zeichnen Sie die Vorlage einer Raute und eines Dreiecks auf Papier (siehe unten stehendes Muster). Schneiden Sie die beiden Motive aus.
2. Legen Sie die Raute und das Dreieck auf den Teppich und zeichnen Sie die Umrisse mit Kreidestift nach.
3. Zeichnen Sie zwei Reihen mit je vier Rauten und ordnen Sie in der Mitte der beiden Reihen 14 Dreiecke symmetrisch an.

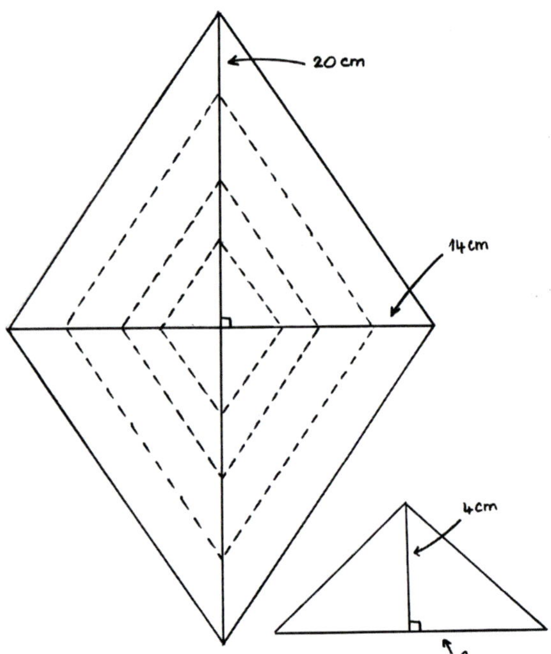

Punchen

1. Spannen Sie das zu punchende Motiv in den Rahmen ein und punchen Sie auf der Rückseite.
2. Stellen Sie die Nadellänge auf Kerbe C (mittelgroße Schlaufen). Sollten Sie beim Punchen einen Widerstand spüren, können Sie die Nadel ruhig ein paar Millimeter bewegen, um einen passenden Einstichpunkt zu finden, ohne dass das Gewebe des Teppichs beschädigt wird. Sie müssen hier manchmal etwas herumprobieren.
3. Arbeiten Sie vom äußeren Rand des Motivs nach innen. Die Rauten bestehen aus vier Reihen Rosa, vier Reihen Ecru, zwei Reihen Blau und vier Reihen Gelb in der Mitte.
4. Den Rahmen müssen Sie für jedes Motiv umpositionieren. Es ist kein Problem, wenn Sie einen Teil eines bereits gepunchten Motivs mit in den Stickrahmen spannen, solange Sie beim Lösen des Rahmens vorsichtig vorgehen.

Letzte Handgriffe

Befestigen Sie den Gleitschutz mit Textilkleber auf der Unterseite des Teppichs.

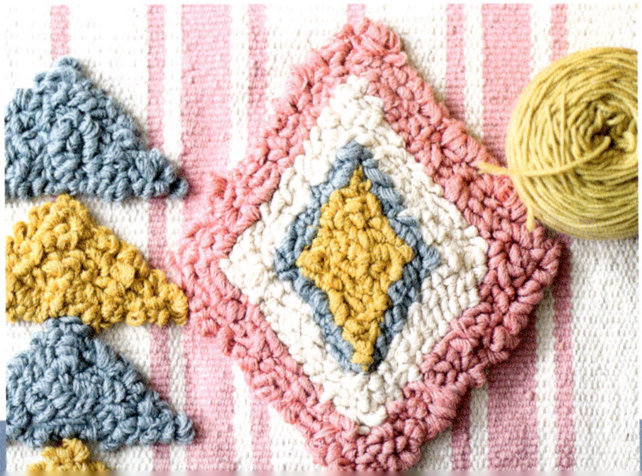

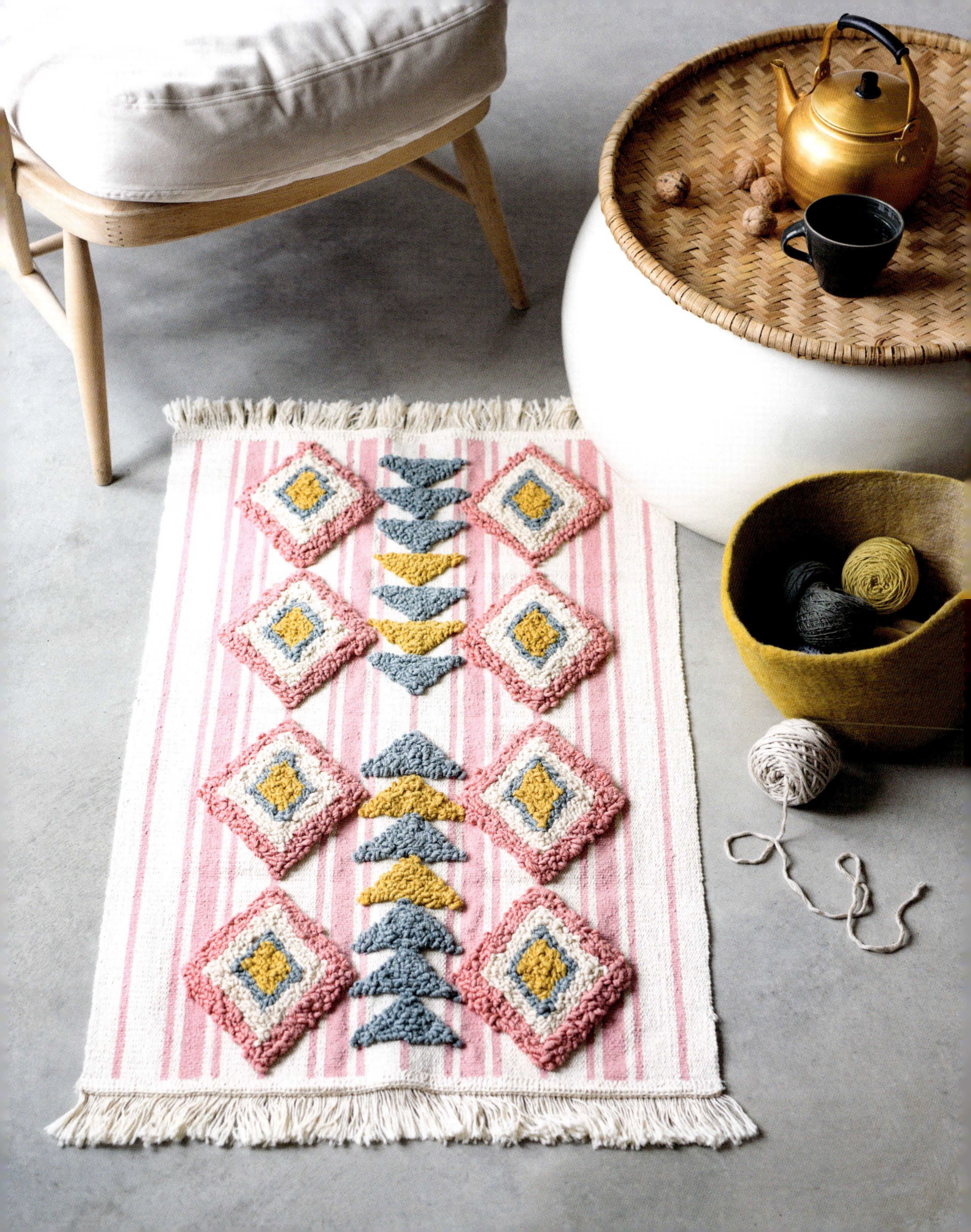

LEOPRINT-KRAGEN

EIN ABNEHMBARER KRAGEN AUS „KUNSTPELZ", DER IHREM OUTFIT IM HANDUMDREHEN DAS GEWISSE ETWAS VERLEIHT.

MATERIAL UND WERKZEUG

- *1 Punch Needle für dickes Garn*
- *Woll Butt Cap Cool N° 2 (70% Polyacryl, 30% Schurwolle, Lauflänge ca. 110m/100g) in Hellgrau, Schwarz, Türkis und Mint (1 Knäuel pro Farbe)*
- *Aida-Stoff 3,3 Loch/cm, 50 x 50cm*
- *1 Keilrahmen, 50 x 50cm*
- *Doppel-Gaze (Futter), 32 x 50cm*
- *Bügelvlies, 32 x 50cm*
- *Stecknadeln*
- *Tacker*

Verwendete Stiche

- *Schlaufen*
- *Felloptik*

Vorbereiten

1. Tackern Sie den Aida-Stoff auf den Rahmen.
2. Kopieren Sie die Vorlage von Seite 59 auf 200% vergrößert und übertragen Sie sie auf den Stoff (siehe Seite 8).

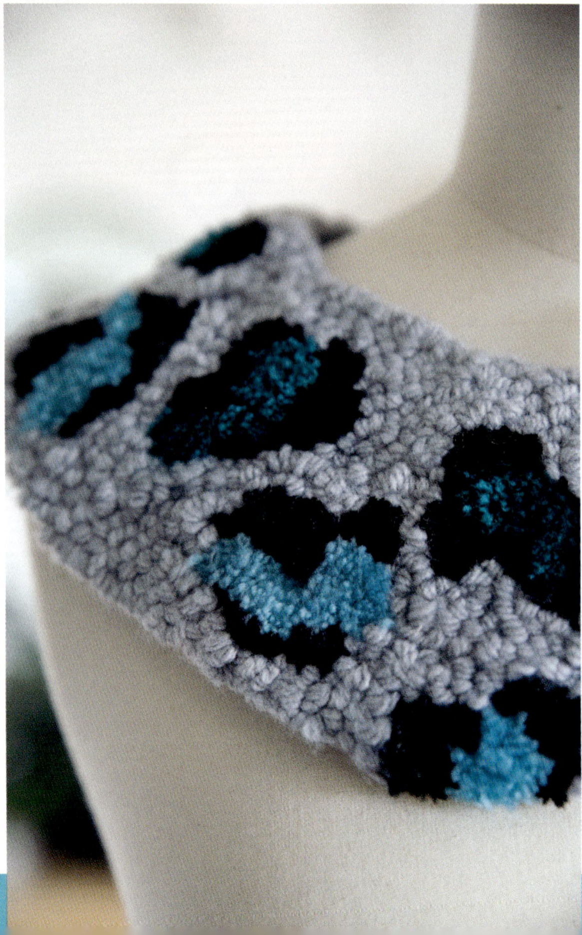

Punchen

1. Punchen Sie auf der Rückseite. Stellen Sie die Nadellänge auf Kerbe B. Beginnen Sie mit den blauen und grünen Flecken und punchen Sie dann die schwarzen Umrandungen.
2. Stellen Sie die Nadellänge auf Kerbe C und füllen Sie den grauen Hintergrund.
3. Schneiden Sie die Schlaufen der Flecken (grüne, blaue und schwarze Fäden) auf, damit die Felloptik entsteht.

Letzte Handgriffe

1. Lösen Sie den Stoff vom Rahmen. Dann auf die Rückseite des Stoffs das Bügelvlies aufbügeln und die Stickerei mit einer Stoffzugabe von 1,5cm ausschneiden. Verwenden Sie den mit Bügelvlies versehenen Stoff als Vorlage zum Zuschneiden des Futterstoffs.
2. Legen Sie die Stickerei und den Futterstoff rechts auf rechts zusammen, dann stecken Sie die beiden langen Seiten Kante auf Kante fest und nähen sie zusammen. Den Kragen wenden.
3. Stellen Sie zwei Kordeln her, indem Sie je 3x 30cm grauen Faden abschneiden und die drei Fäden an einer Seite verknoten, dann flechten und am anderen Ende wieder verknoten.
4. Stecken Sie an beiden Seiten des Kragens eine Kordel auf der noch offenen Innenseite fest. Schließen Sie die beiden offenen Seiten mit Blindstichen.

TIPP

Der Kragen sieht natürlich auch toll aus, wenn Sie ihn in den Farben eines echten Leopardenfells arbeiten!

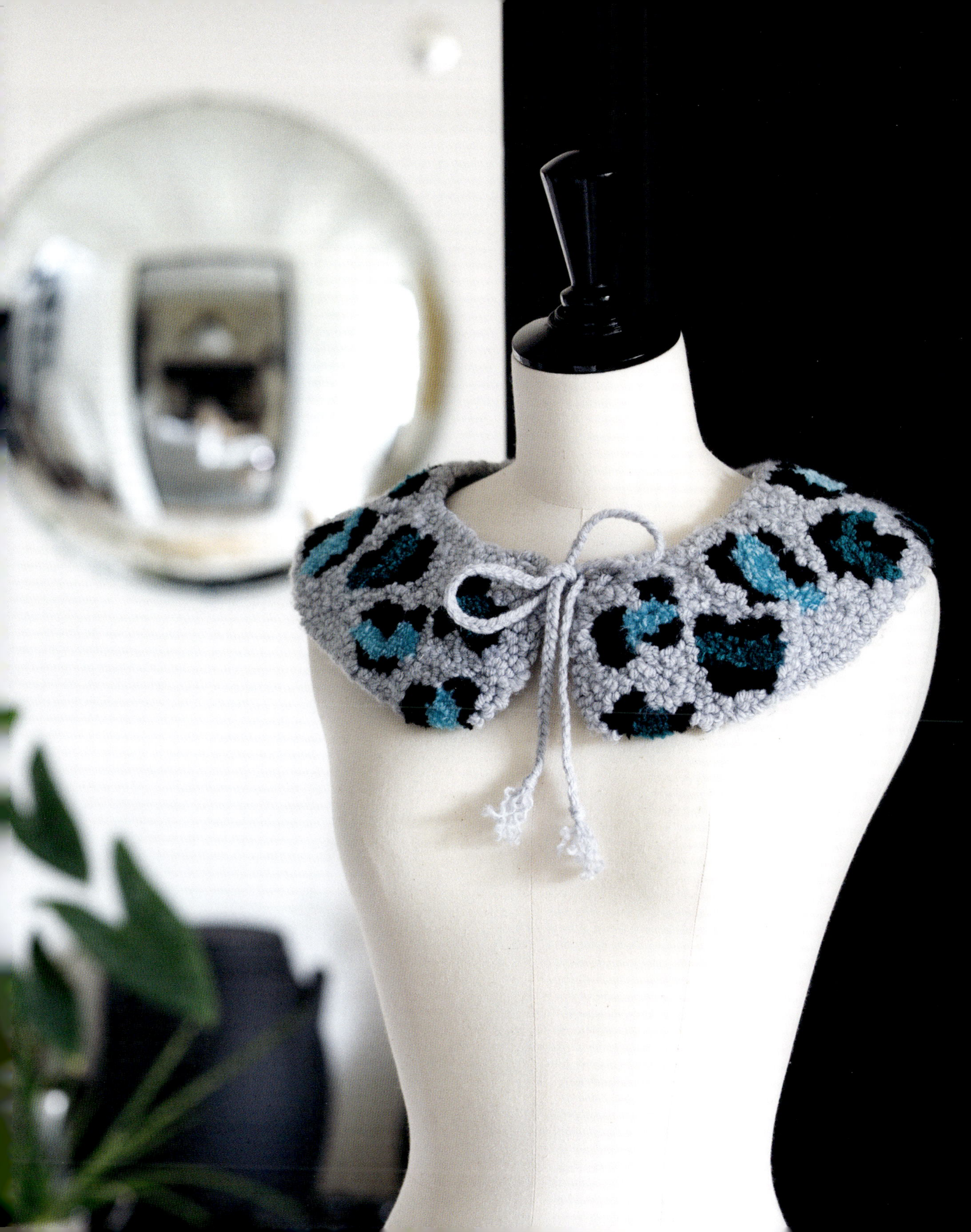

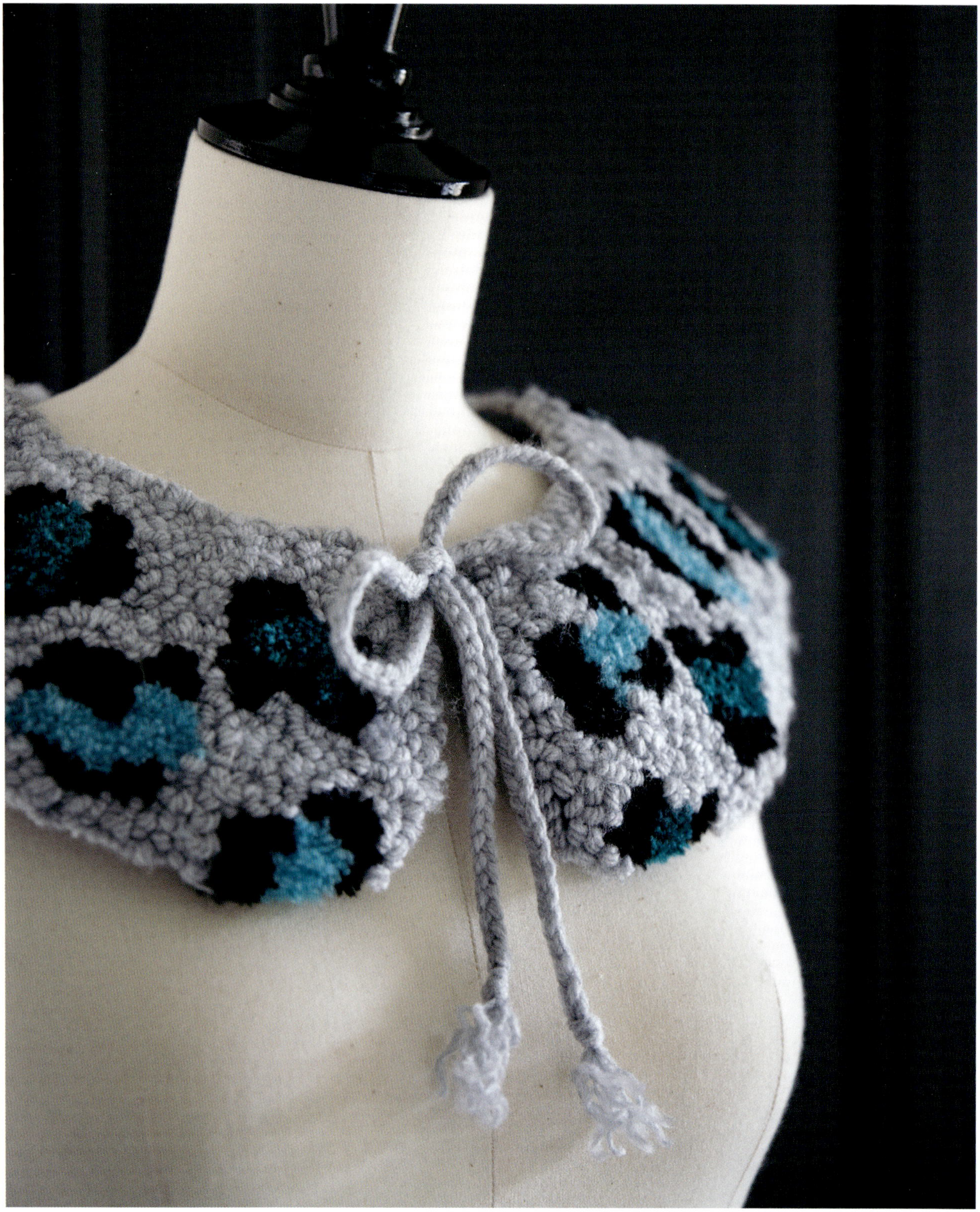

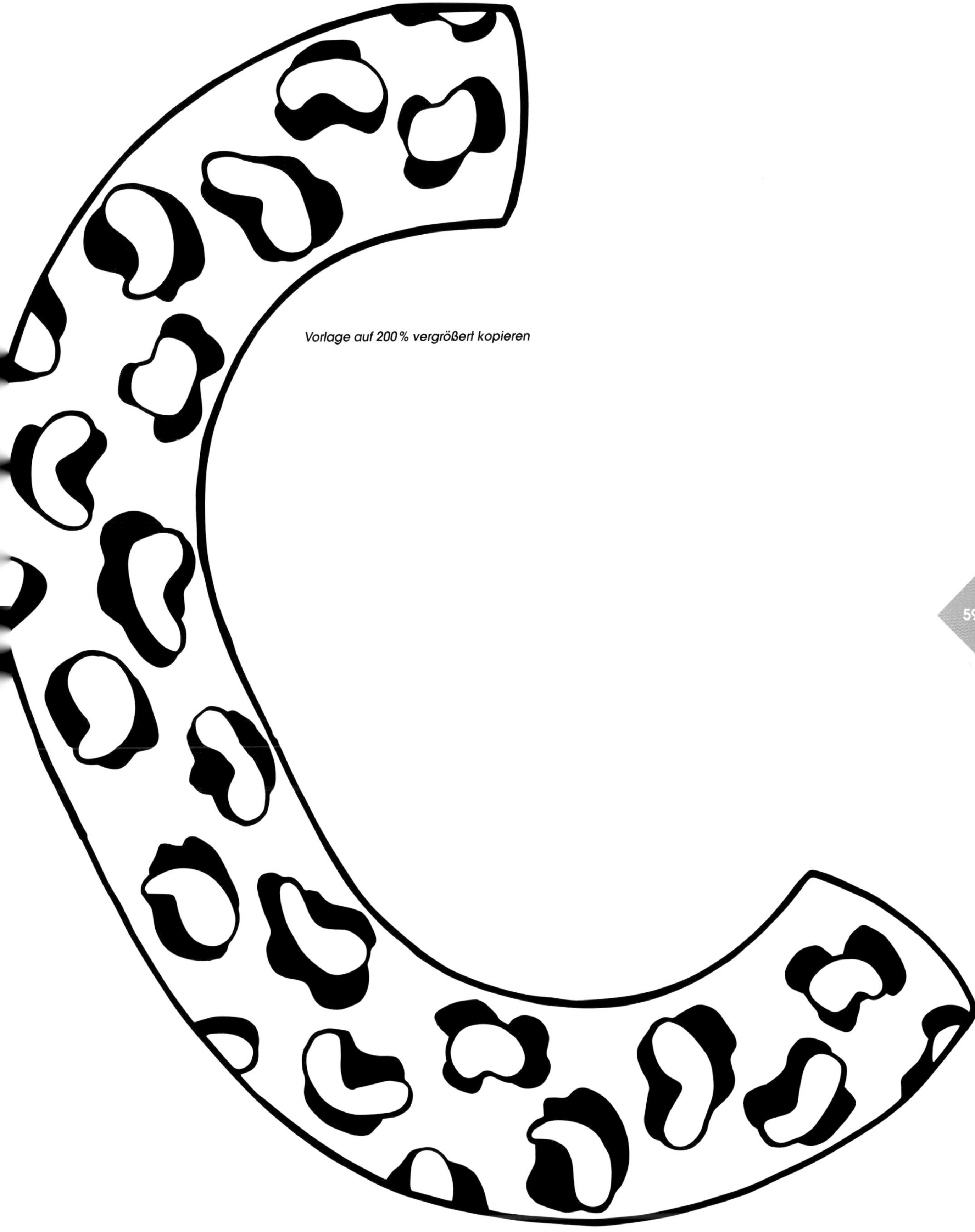

Vorlage auf 200 % vergrößert kopieren

VORLAGEN

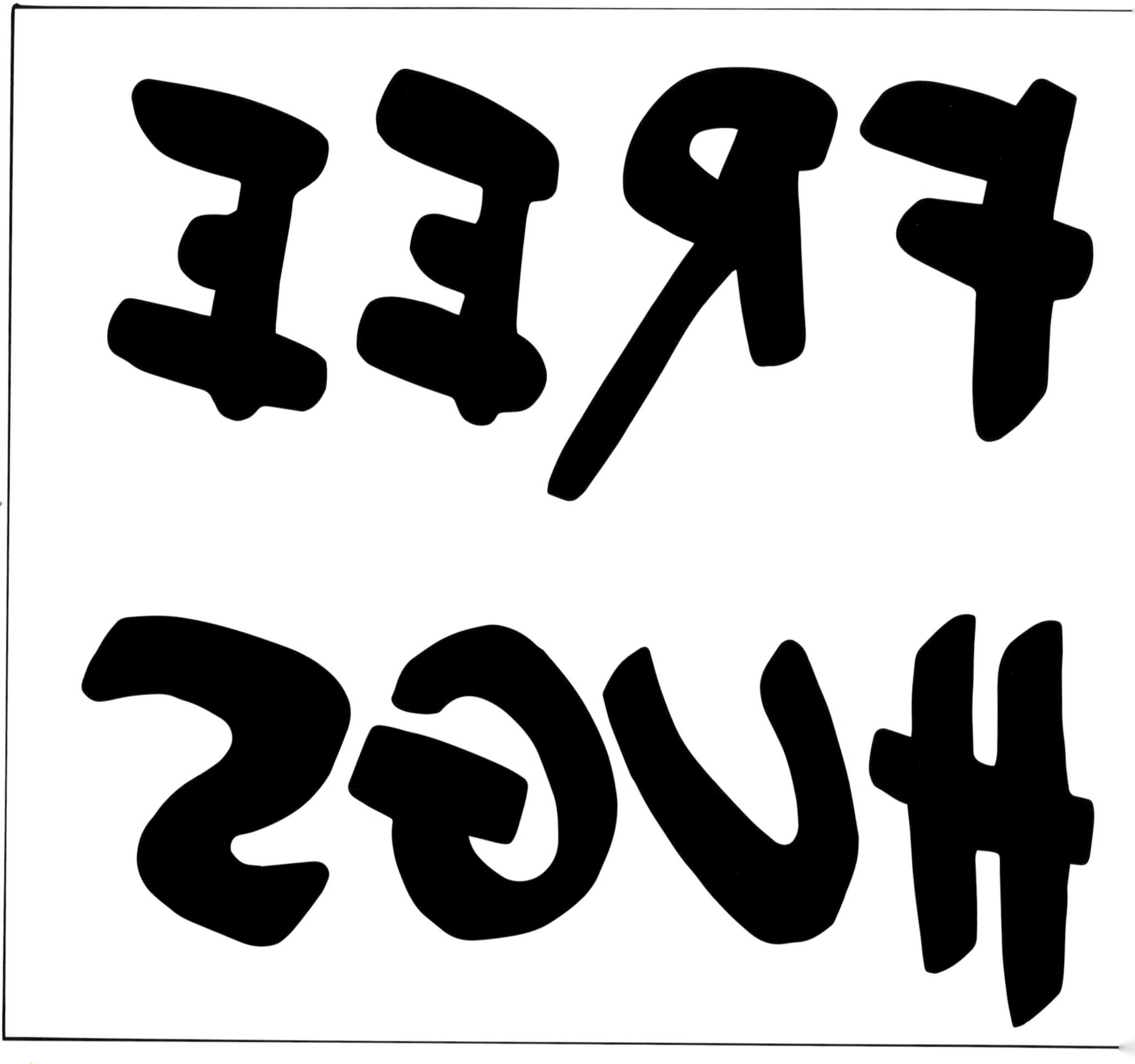

Schriftzüge und Initialen (S. 16)
Vorlage in Orginalgröße

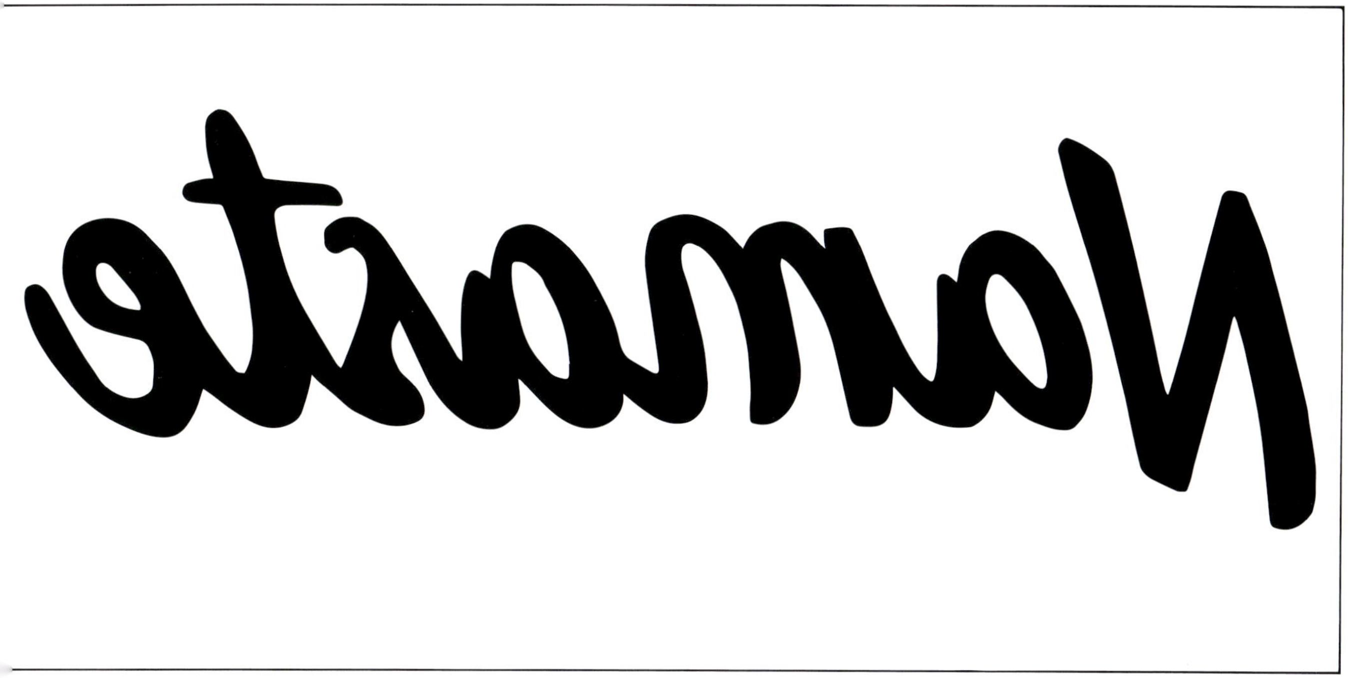

Schriftzüge und Initialen (S. 16)
Vorlage auf 130 % vergrößert kopieren

Sternen-Nachtlicht (S. 22)
Vorlage in Orginalgröße

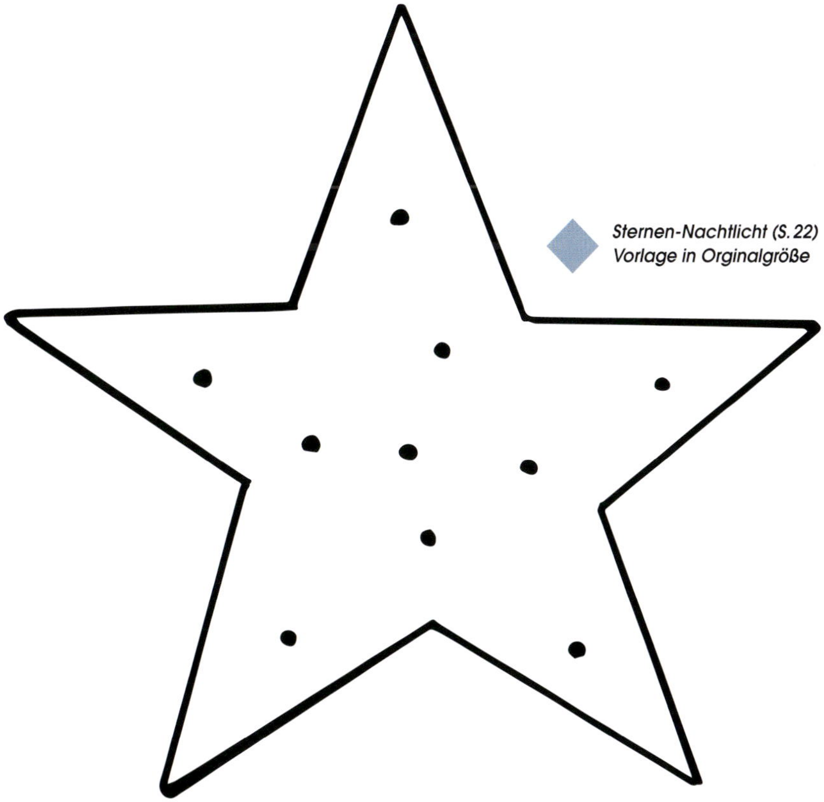

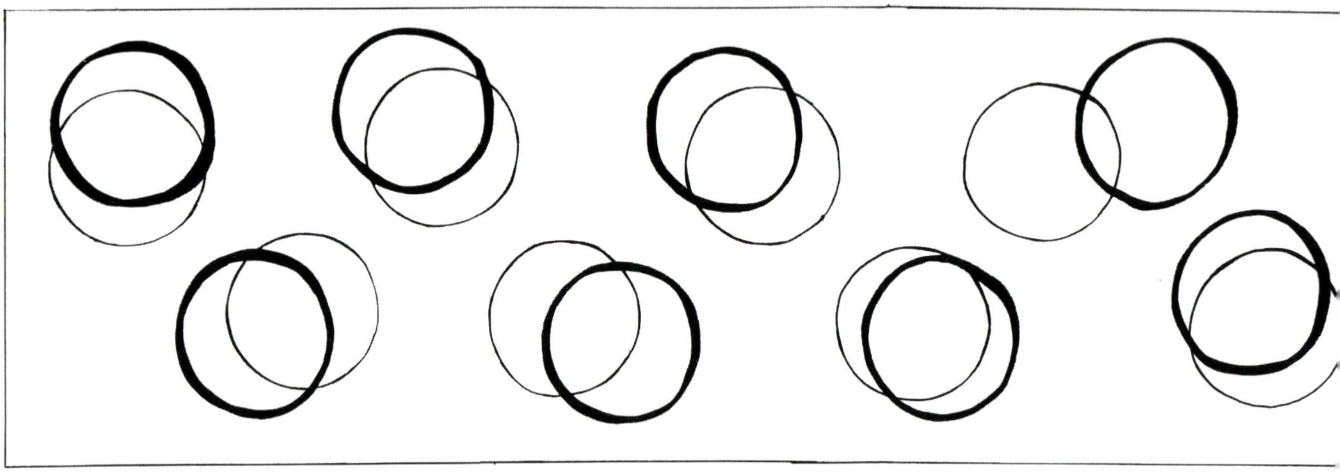

Utensilo mit Tupfen (S. 48)
Vorlage in Orginalgröße

Tiger-Täschchen (S. 46)
Vorlage auf 110 % vergrößert kopieren

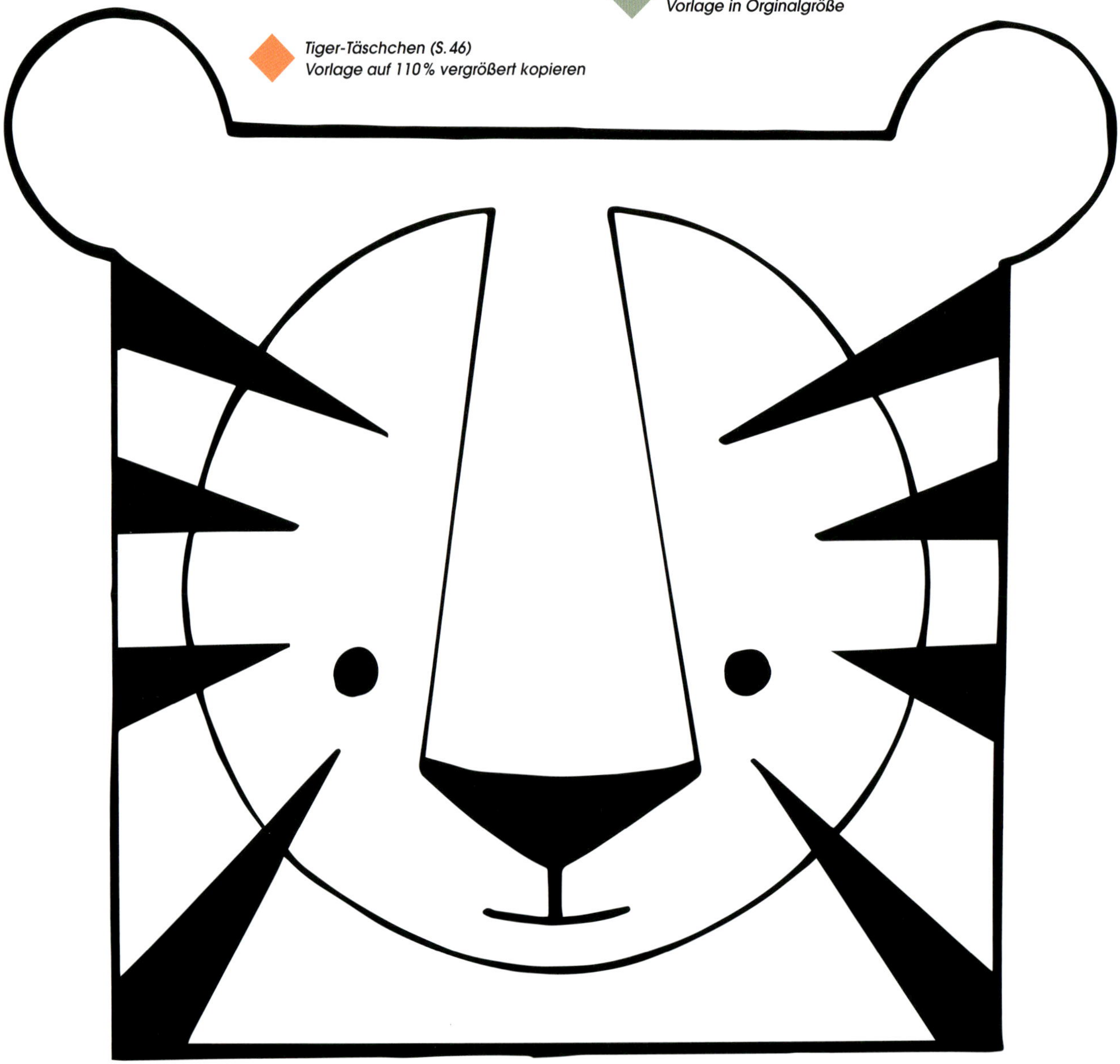

Clutch Im Ethno-Look (S. 30)
Vorlage auf 125 % vergrößert kopieren

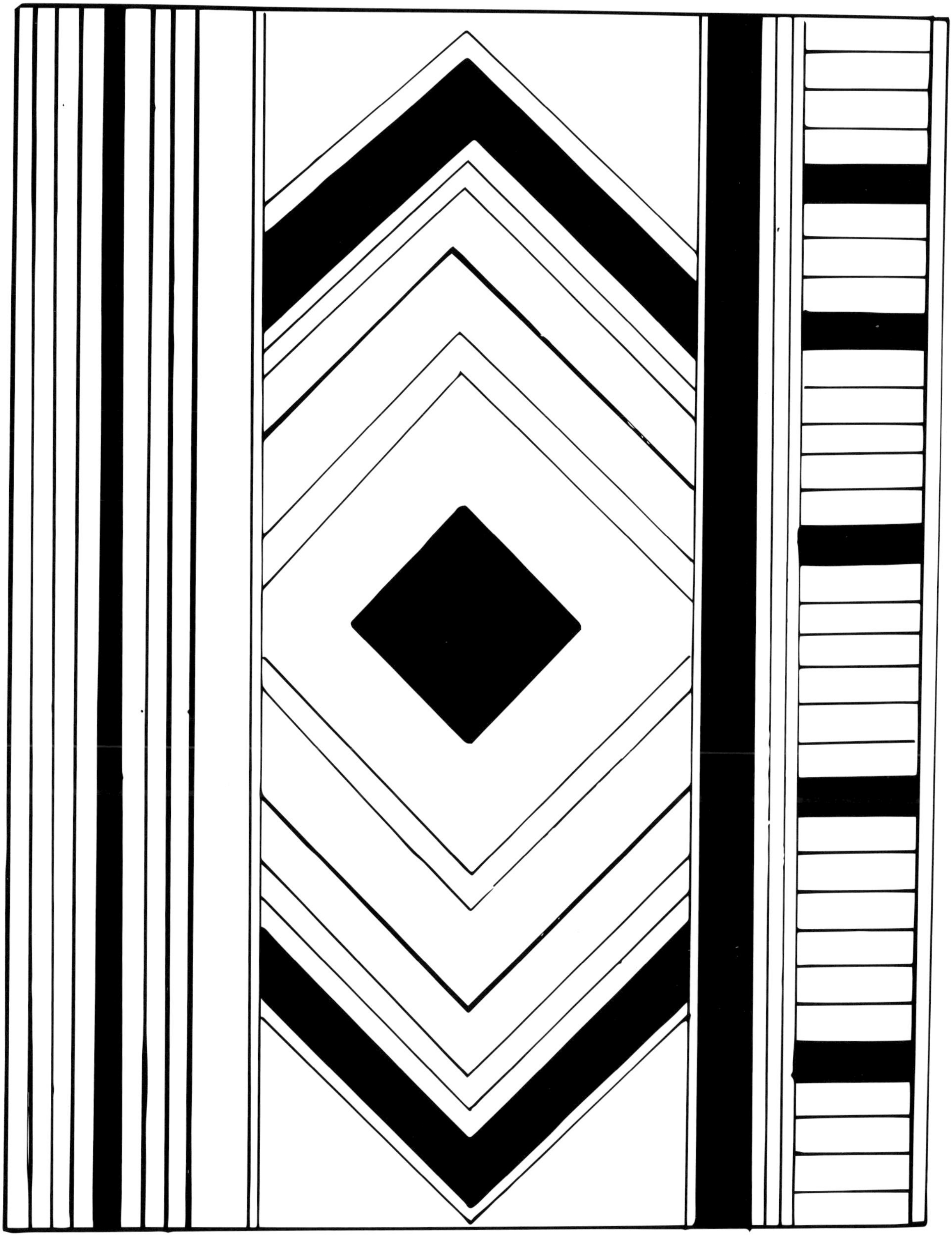

WEITERE TOLLE BÜCHER

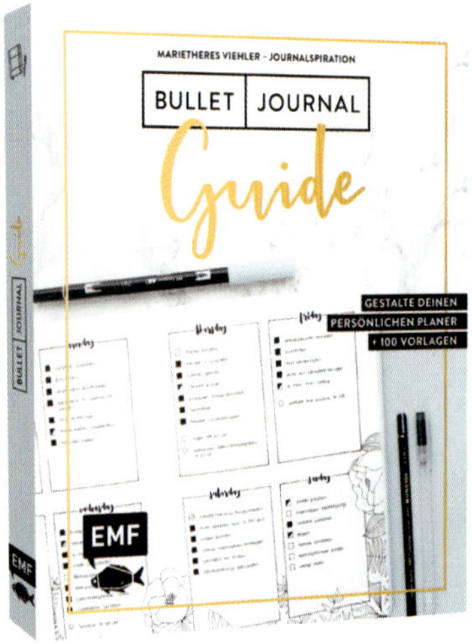

JOURNALSPIRATION – BULLET-JOURNAL-GUIDE

Gestalte deinen persönlichen Planer: Plus 100 Vorlagen und Anleitungen

15,99 € (D) | 16,50 € (A)

ISBN 978-3-96093-043-3

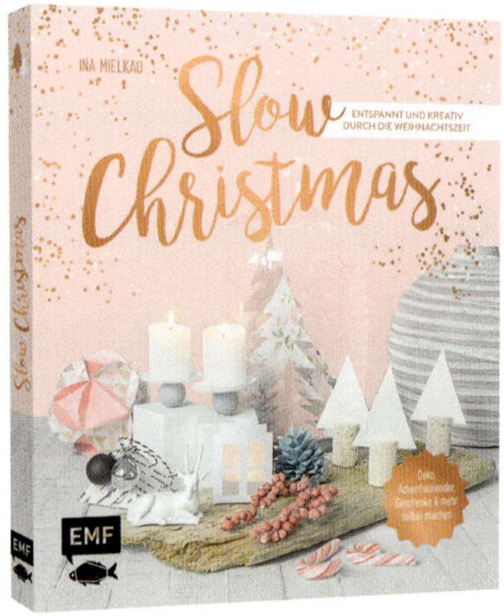

SLOW CHRISTMAS – ENTSPANNT UND KREATIV DURCH DIE WEIHNACHTSZEIT

Deko, Adventskalender, Geschenke und mehr selber machen

19,99 € (D) | 20,60 € (A)

ISBN 978-3-96093-033-4

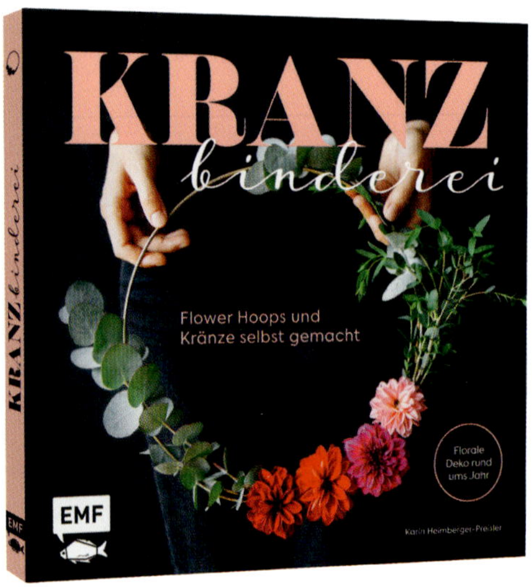

KRANZBINDEREI – FLOWER HOOPS UND KRÄNZE SELBST GEMACHT

Florale Deko rund ums Jahr

15,99 € (D) | 16,50 € (A)

ISBN 978-3-96093-044-0